公務員試験

【高卒程度・社会人】

初級スーパー過去問ゼミ

数的推理

国家
一般職
［高卒・社会人］

高卒程度
都道府県
職員

高卒程度
市役所
職員

高卒程度
警察官

高卒程度
消防官

資格試験研究会編

実務教育出版

初級スーパー過去問ゼミ

刊行に当たって

過去問対策の定番として公務員試験受験生から圧倒的な信頼を寄せられている「初級スーパー過去問ゼミ」シリーズ。今回，平成30年度以降の問題を新たに収録し，最新の出題傾向に沿った内容に見直しを図るとともに，紙面デザインなども一新してよりわかりやすく，学習しやすく進化しました。

本シリーズは，高等学校卒業程度（初級）の公務員試験攻略のための，過去問ベスト・セレクションです。**「国家一般職［高卒］および［社会人］」「税務職員」「高卒程度都道府県職員」「高卒程度市役所職員」**試験を中心に，**「高卒程度警察官」「高卒程度消防官（消防士）」**試験などで実際に出題された過去問を使用して作られています。

採用試験の制度が変わっても，「公務員試験を攻略するためには，過去問演習が欠かせない」というセオリーは変わりません。

良質な過去問で演習を繰り返すことで，合格への道はおのずと開けてきます。本シリーズでの学習を通して，どんな出題形式にも対応できる実力を身につけてください。

本書を手に取られたあなたが，新時代の公務を担う一員となれるよう，われわれスタッフ一同も応援します！

資格試験研究会

本書の構成と使い方

本書で取り扱う試験の名称表記について

❶ **国家一般職／税務，国家Ⅲ種**…国家公務員採用一般職試験［高卒者試験］［社会人試験（係員級）］，税務職員採用試験，国家公務員採用Ⅲ種試験

❷ **社会人，中途採用者**…国家公務員採用一般職試験［社会人試験（係員級）］，国家公務員中途採用者選考試験

❸ **地方初級**…地方公務員採用初級試験（道府県・政令指定都市・市役所・消防官採用試験［高卒程度］）

❹ **東京都**…東京都職員Ⅲ類採用試験

❺ **特別区**…特別区（東京23区）職員Ⅲ類採用試験

❻ **警察官**…警察官採用試験［高卒程度］

❼ **警視庁**…警視庁警察官Ⅲ類採用試験

❽ **東京消防庁**…東京消防庁消防官Ⅲ類採用試験

❾ **地方中級**…地方公務員採用中級試験（都道府県・政令指定都市・市役所）

掲載した問題の末尾に試験名の略称と出題された年度を記載しています。

※注１　平成26年度から，国家一般職の「高卒者試験」と「社会人試験（係員級）」の問題は全問共通となっています。

※注２　平成23年度までは，国家Ⅲ種の中に「行政事務」と「税務」区分があり，問題は全問共通でした。平成24年度以降も，国家一般職と税務の問題は全問共通となっています。

※注３　消防官（消防士）の採用試験は基本的に市町村単位で実施されており（東京都の場合は一部地域を除いて東京消防庁），教養試験に関しては市町村の事務系職種と同じ第一次試験日で試験問題も共通していることが多くなっているため，本書では「地方初級」に分類しています。

本書に収録されている「過去問」について

❶ 試験実施団体により問題が公表されている試験については，公表された問題を掲載しています（平成９年度以降の国家一般職・国家Ⅲ種，平成19年度以降の社会人・中途採用者，平成13年度以降の東京都，平成14年度以降の特別区，平成15年度以降の警視庁，平成16年度以降の東京消防庁）。それ以外の問題は，過去の公務員試験において実際に出題された問題を，受験生から得た情報をもとに実務教育出版が独自に編集し，復元したものです。

❷ 学校教育において教育内容・用語が改訂されたために内容や用語を統一した，年月がたって状況が変わってしまったので現状に合わせた，などの理由で，問題に手を加えている場合があります。大幅な訂正があった問題については「改題」の表示をしています。

本書の構成

❶ 数的推理　攻略のポイント

最近の初級公務員試験の問題を分析して，科目別に最新の出題傾向と効果的な学習方法についてアドバイスしています。今後の学習の指針としてください。

❷ 各テーマの重要度

各テーマ冒頭で，そのテーマがどれくらい重要なのかをバナナの本数で示しています。

	バナナ３本 … どの試験にもよく出題される重要なテーマ バナナ２本 … 比較的重要なテーマ バナナ１本 … 一部の試験でのみ出題されるテーマ

❸ 重要問題

各テーマのトップを飾るにふさわしい良問をピックアップしました。この「重要問題」と同じような問題が，本試験で何度も出題されていますから，合格のためには必ずマスターしておきたいところです。

確認しよう	復習する際に確認しておきたい事項などについて簡潔に示しています。問題を解いた後に，理解度をチェックしましょう。
参考	問題に関する補足説明や，別の解き方など，一歩進んだ学習ができる知識を紹介しています。
FOCUS	テーマ全体に関するワンポイント・アドバイスや，学習を進めるうえで注意しておきたい点などを提示しています。

❹ 要点のまとめ

これだけは理解したい・覚えておきたい要点をいくつかの「重要ポイント」に分け，見やすい図表などを駆使してコンパクトにまとめています。問題を解く前の知識整理に，また試験直前の確認に活用しましょう。

ここにも注意	「重要ポイント」で説明しきれなかった補足知識や，得点アップにつながる発展知識をまとめています。

❺ 実戦問題

各テーマをスムーズに理解できるよう，バランスよく問題を選びました。解説は，「重要問題」と同じように，詳しく丁寧に記述してあります。全部解いて，実戦力をアップしましょう。

また，学習効果の高い問題を選んで のアイコンを付けています。重要問題と の問題を解いていけば，スピーディーに本書をひととおりこなせます。特に，本番の試験まで時間が取れない場合などにご活用ください。

CONTENTS

公務員試験【高卒程度・社会人】
初級スーパー過去問ゼミ

数的推理

カバーデザイン／cycledesign　書名ロゴ／早瀬芳文　イラスト／アキワシンヤ

数的推理 攻略のポイント

ここが出る！ 最近の出題傾向

数的推理は，数字を扱う能力，数によってものごとを考える力が問われる科目である。

出題内容のほとんどは，中学・高校で学習する数学の範囲に含まれるので，四則演算や方程式の立て方などの基礎的な能力が重要になってくる。問題の種類は，割合・平均，方程式・不等式，速度，面積など中学程度の数学の応用問題も多いが，覆面算・方陣算，仕事算などの少しひねった出題も多い。

一般的知識分野の「数学」との違いであるが，「数学」では1次関数，2次関数を中心とする「関数とグラフ」の問題や，直線・円などの方程式に関係した「図形と方程式」の問題が大部分を占め，そのほかの数学の分野のほとんどが「数的推理」という科目にまとめられて出題されるのである。

出題傾向は試験によって少しずつ違っているので，試験ごとに見ていこう。

❖ 国家一般職［高卒・社会人］／税務

国家一般職などの高校卒業程度の国家公務員試験では，平成24年度から出題科目が変更され，数的推理は「数的処理」という名称になった。しかし，名称は変わったものの，出題内容は従来と変わらず，いろいろなテーマからバランスよく出題されている。

❖ 地方初級

約数や倍数といった「数と式の計算」がよく出る。そのほか，「方程式・不等式の応用」からの出題も多い。特別区では「図形」，市役所では「場合の数」「確率」が頻出となっている。

❖ 警察官

「数と式の計算」や「方程式・不等式の応用」の出題が多い。「図形」では「三角形の性質」の問題が多いのが特徴である。

❖ 東京消防庁

各分野バランスよく出題されているが，「方程式・不等式の応用」からの出題が比較的多い。

ここに注意！効果的な学習法

ポイント 1 数学が苦手な人でもだいじょうぶ！

よく使われる公式や定理は基本的なものばかりなので，数学が苦手な人や，数学の勉強から遠ざかって数年たってしまった人でも，少し慣れれば十分対応できるレベルである。数的推理の問題の多くは，きちんと方程式を立ててコツコツと計算すれば解けるようにつくられているのである。

ポイント 2 なるべく数多くの問題をこなそう！

「公式の丸暗記でなんとかなるだろう」という考えは甘い。大切なのは，その公式をどこでどう使うかである。問題の指示に従って，いかに素早く式を立てられるかが，合否を分ける。そのためにはなるべく多くの問題を解いて，問題を解く勘を養っておくことだ。解法のコツのようなものは，ある程度の数の問題をこなしていないと身につかないものである。

ポイント 3 図をかいてみよう！

条件として与えられた数量，解法の段階で導き出した数量を図に表すことで，素早く正確に正答にたどりつく場合が多い。数量を図形のイメージに置き換えて考えることにも慣れておこう。

ポイント 4 公式だけに頼るな！

文章題や順列・組合せなどでは，方程式や公式などに頼らずに解いたほうが短い時間で解けることもある。初歩的な「数え上げる」方法や，選択肢の数字を当てはめてみるという方法も有効なことが多い。これらの見極めも，問題を解いていく中で身につけていくしかない。

第1章

数と式の計算

テーマ1　数の計算

テーマ2　約数・倍数

テーマ3　覆面算・方陣算

テーマ4　記数法・整数問題

テーマ5　数列

テーマ1 数の計算

重要度

重要問題

下の表のうち，各縦列で1つずつ4つの数字を消し去れば，各縦列の合計が全部等しい数字となる。その数字のうち3つの数字の位置を正しく示したものとして，最も妥当なのはどれか。

【東京消防庁・平成23年度】

	あ	い	う	え
A	3	6	3	1
B	2	5	4	3
C	2	7	5	5
D	7	1	9	4

1　Aあ　Cい　Bえ
2　Dい　Cう　Aえ
3　Cあ　Aい　Dえ
4　Bあ　Cい　Aう
5　Bあ　Dう　Aえ

解説

各縦列の合計を求め，その最大と最小に注目する。
最大の列の合計は，1つの数字を消し去ることによって，最小の列の合計よりも小さくならなければならない。

Step❶　各縦列の合計を求める

各縦列の合計を求めると,

「あ」＝3＋2＋2＋7＝14

「い」＝6＋5＋7＋1＝19

「う」＝3＋4＋5＋9＝21

「え」＝1＋3＋5＋4＝13

となる。

Step❷　合計の最大と最小の列で比較をする

列のうち合計が最大なのは,「う」の21であり, これが1つの数字を引くことによって, 合計の最小である「え」の13よりも小さくならなければならない。よって「う」から消去するのは, Dう（＝9）である。

Step❸　他の縦列の消し去る数字を考える

Dう（＝9）を消し去ると「う」＝12になることから, 消し去る数字を縦列ごとに見ると,

「あ」列は, Bあ（＝2）または, Cあ（＝2）

「い」列は, Cい（＝7）

「え」列は, Aえ（＝1）

となる。

よって, 消し去る数字は, Aえ, Bあ, または, Cあ, Cい, Dう, となるので, **5**が正答である。

確認しよう ➡合計の最大と最小に注目して消去する数の見極め（実際に計算してみるのが原則）

正答 5

FOCUS

整数の性質と演算の規則を利用して解く問題が出題される。

大別すると次の2通りのタイプの問題である。

1. 加(＋), 減(－), 乗(×), 除(÷)の演算の中で整数の性質, 大小関係等を利用して解く問題。
2. その設問の中でのみ使う演算記号を定めて, その記号の規則どおりに計算をさせる問題。

何通りかの場合分けや, 実際の計算を必要とすることもある。条件を図式化することも重要な手段である。

要点のまとめ

重要ポイント 1 整数

「自然数の範囲で」といわれたら「正の整数の範囲で」ということであり，「整数の範囲で」といわれたら「正の整数，0，負の整数，全体の範囲で」というように，整数の分類をしっかり覚えておこう。

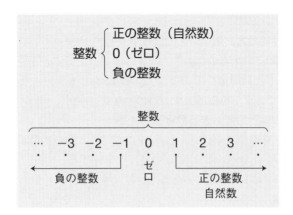

整数
- 正の整数（自然数）
- 0（ゼロ）
- 負の整数

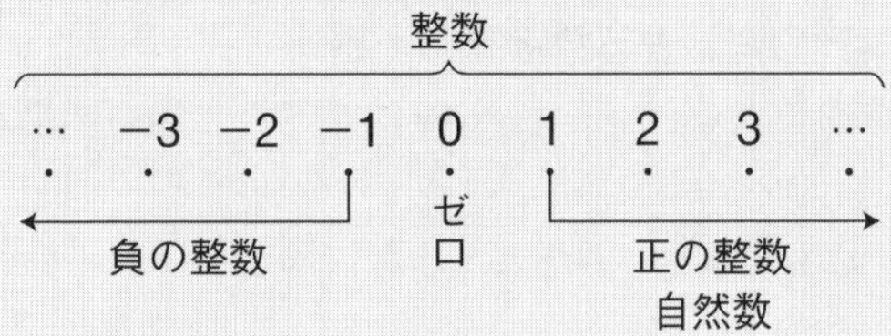

重要ポイント② 四則演算（加法，減法，乗法，除法）

四則演算は，基本中の基本。計算の順序を間違わないようにしよう。

■カッコのついた式は，カッコの中から計算する。

〔例〕 $13-(8-4)=13-4=9$

$6\times(7-3)=6\times4=24$

■乗法（×）と除法（÷）は，加法（＋）と減法（－）よりも先に計算する。

〔例〕 $6+2\times4-12\div3=6+8-4=10$

$(6+2)\times4-12\div3=8\times4-4=28$

■累乗（るいじょう）の規則

$\underbrace{a\times a\times\cdots\cdots\times a}_{n\text{個の積}}$ を a^n と書き，n を a の**指数**（しすう）という。

〔例〕 $4\times4\times4=4^3$

よく使われる指数法則

$a^m\times a^n=a^{m+n}$	〔例〕 $3^2\times3^3=3^{2+3}=3^5$
$(a^m)^n=a^{mn}$	〔例〕 $(5^3)^2=5^{3\times2}=5^6$
$(ab)^n=a^nb^n$	〔例〕 $(2\times3)^3=2^3\times3^3$
$\left(\dfrac{b}{a}\right)^n=\dfrac{b^n}{a^n}$	〔例〕 $\left(\dfrac{2}{3}\right)^2=\dfrac{2^2}{3^2}$
$\dfrac{a^m}{a^n}=a^{m-n}\ (m>n)$	〔例〕 $\dfrac{5^4}{5^2}=5^{4-2}=5^2$
$\dfrac{a^m}{a^n}=\dfrac{1}{a^{n-m}}\ (m<n)$	〔例〕 $\dfrac{5^2}{5^4}=\dfrac{1}{5^{4-2}}=\dfrac{1}{5^2}$

これらの指数法則は，掛けられている数の個数の比較で説明できる。

実戦問題

1 **1から15までの15個の数字の中から5個の数字を選ぶとき，次のア，イの条件を満たすような選び方は何通りあるか。**

ア　5個の数字の和は30である。

イ　選んだ5個の数字の中に5の倍数が2つ含まれていて，それは選んだ数字を大きい順に数えて1番目と3番目である。

【地方初級・平成18年度】

1　2通り
2　3通り
3　4通り
4　5通り
5　6通り

2 **次の3つの等式が成立するようにA～Cに適切な整数を1つずつ入れるとき，A，B，Cに入る3つの数の和はどれか。**

$$\boxed{A} \div \boxed{B} \div \boxed{C} = 4$$

$$\boxed{A} \div \boxed{B} - \boxed{C} = 12$$

$$\boxed{A} - \boxed{B} = 105$$

【地方初級・平成6年度】

1　117
2　120
3　123
4　126
5　129

3 15以下の5つの異なる正の整数A〜Eについて，次のア〜ウの式が成り立つとき，$(A+B)\div(C+D)+E$の値はどれか。

ア　$A\times B=28$
イ　$C\times D=24$
ウ　$B\times E=48$

【特別区・平成17年度】

1　13
2　14
3　15
4　16
5　17

4 7^1，7^2，7^3，7^4の一の位は，それぞれ7，9，3，1である。このことを利用すると，$7^{21}=(7^4)^a\times 7^b$，だから，7^{21}の一の位はcである。
a，b，cに当てはまる数値の組合せとして，正しいものはどれか。

【警察官・平成26年度】

1　$a=3$，$b=1$，$c=1$
2　$a=3$，$b=7$，$c=3$
3　$a=5$，$b=1$，$c=7$
4　$a=5$，$b=1$，$c=1$
5　$a=5$，$b=7$，$c=7$

5 自然数Nについて，【N】$=2N+3$，《N》$=3N-1$であるとすると，
$100\leqq$《【N】$+1$》$\leqq 200$となる自然数Nの個数として，正しいものはどれか。

【地方初級・平成18年度】

1　14
2　15
3　16
4　17
5　18

実戦問題●解説

1 1から15までの5の倍数は5，10，15であり，これらの並び方が，大きいほうから

15，□，10，□，□
15，□，　5，□，□
10，□，　5，□，□

の3通りであることを図式化する。

Step❶　未知の数を文字で表して式を立てる

5個の数の和が30であることから

15，$\boxed{A}$，10，$\boxed{B}$，$\boxed{C}$においては

$A>10>B>C$で$A+B+C=30-(15+10)=5$

これを満たすA，B，Cは存在しない。

15，$\boxed{A}$，5，$\boxed{B}$，$\boxed{C}$においては

$A>5>B>C$で$A+B+C=30-(15+5)=10$　……①

10，$\boxed{A}$，5，$\boxed{B}$，$\boxed{C}$においては

$10>A>5>B>C$で$A+B+C=30-(10+5)=15$　……②

Step❷　数の組を絞り込む

①を満たすA，B，Cは

$(A,\ B,\ C)=(7,\ 2,\ 1),\ (6,\ 3,\ 1)$

②を満たすA，B，Cは

$(A,\ B,\ C)=(9,\ 4,\ 2),\ (8,\ 4,\ 3)$

よって，5個の数の選び方は

(15，7，5，2，1)
(15，6，5，3，1)
(10，9，5，4，2)
(10，8，5，4，3) の4通りで，**3**が正答である。

確認しよう ➡わかっていることを図式化して当てはめやすくする　　**正答 3**

2 $\begin{cases}(A \div B) \div C = 4 \\ (A \div B) - C = 12\end{cases}$ は，$A \div B$とCに関する連立方程式であるから，これを解けば$A \div B$とCの値が求められる。

次に，もう1つの条件$A - B = 105$と$A \div B$の値からA，Bを求める。

Step❶ 第1と第2の条件よりCを求める

$A \div B \div C = 4$から　$A \div B = 4C$　……①

$A \div B - C = 12$から$A \div B = C + 12$　……②

①②の左辺は等しいから，右辺を比較して

$4C = C + 12$

$3C = 12$

$\therefore \quad C = 4$

$C = 4$を①に代入して

$A \div B = 4 \times 4 = 16$

したがって，$A = 16B$

Step❷ Bを求める

第3の条件　$A - B = 105$に$A = 16B$を代入して

$16B - B = 105$

$15B = 105$

$\therefore \quad B = 7$

Step❸ 最後にAを求める

$A = 16B$に$B = 7$を代入して

$A = 16 \times 7 = 112$

よって，$A + B + C = 112 + 7 + 4 = 123$となり，**3**が正答である。

確認しよう ➡数計算の順序
連立方程式の解法

正答 3

3 条件の$A \times B$，$C \times D$と設問の$A+B$，$C+D$からAとB，CとDは大小に関係ないから，数の組を見つければよい。

Step❶　2数の足し算，掛け算は交換可能であることに着目

$A \times B = 28$から$\{A, B\} = \{2, 14\}$または$\{4, 7\}$

$C \times D = 24$から$\{C, D\} = \{2, 12\}$または$\{3, 8\}$または$\{4, 6\}$

Step❷　2数の組を限定する

$B \times E = 48$，B，Eは15以下の数であるから

$(B, E) = (4, 12)$，$(12, 4)$，または$(6, 8)$，$(8, 6)$

この中で，Bのとりうる値2，4，7，14を含むのは

$(B, E) = (4, 12)$だけである。

このとき，$A = 7$，$B = 4$で$A + B = 7 + 4 = 11$

$\{C, D\}$の組は4，7，12を含まない組であるから

$\{C, D\} = \{3, 8\}$

このとき，$C + D = 3 + 8 = 11$

$(A + B) \div (C + D) + E = 11 \div 11 + 12 = 1 + 12 = 13$

よって，**1**が正答である。

確認しよう ➡ AとB，CとDはそれぞれ数の組を見つければよい　**正答 1**

4 7^4の一の位が1であることを利用する。

Step❶　選択肢よりaとbの値を絞り込む

選択肢より，aは3または5であることから，

$7^{21} = (7^4)^3 \times 7^9$，$7^{21} = (7^4)^5 \times 7^1$のどちらかである。

$b = 9$は選択肢にないので，$7^{21} = (7^4)^5 \times 7^1$となる。

よって，$a = 5$，$b = 1$と決まる。

Step❷　7^4の一の位が1であることを利用する

また，一の位が1である数を何回かけても（何乗しても）一の位は1である。

たとえば「21」を例に考えてみると，

$21^2 = 21 \times 21 = 44\underline{1}$

$21^3 = 21 \times 21 \times 21 = 926\underline{1}$

となる。

ここで，7^4 の一の位は 1 であることから，$(7^4)^5$ の一の位も 1 になるので，7^{21} の一の位は 7^1 の一の位と一致する。

よって，$c = 7$ となるので，**3** が正答である。

確認しよう ➡ 7^4の一の位は1であることから，$(7^4)^5$の一の位も1になる

正答 3

5 与えられた演算記号を正確に四則演算に直す。

Step❶ 《【N】+ 1》を四則演算にする

【N】$= 2N + 3$ であるから

【N】$+ 1 = (2N + 3) + 1 = 2N + 4$

《【N】$+ 1$》$=$《$2N + 4$》

$= 3(2N + 4) - 1$

$= 6N + 12 - 1 = 6N + 11$

Step❷ 不等式を解く

$100 \leqq$《【N】$+ 1$》$\leqq 200$ に代入して

$100 \leqq 6N + 11 \leqq 200$

この不等式を解くと

$100 - 11 \leqq 6N \leqq 200 - 11$

$89 \leqq 6N \leqq 189$

$$\frac{89}{6} \leqq N \leqq \frac{189}{6}$$

$$14\frac{5}{6} \leqq N \leqq 31\frac{1}{2}$$

N は自然数であるから

$N = 15, 16, \cdots\cdots, 31$ の 17 個であり，**4** が正答である。

確認しよう ➡【N】，《N》の正しい変換

正答 4

テーマ2 約数・倍数

重要度

重要問題

　ある自然数A, Bは，最大公約数が10，最小公倍数が7140で，AはBより130大きい。自然数AとBの和はどれか。

【特別区・平成28年度】

1　420
2　550
3　680
4　810
5　940

解説

AとBの最大公約数が10だから，$A=10a$, $B=10b$となり，最小公倍数は$10ab$となる。

Step❶　最大公約数と最小公倍数に関する式を作る

　ある自然数AとBの最大公約数が10だから，

　　$A=10a$, $B=10b$　……①（aとbは1以外の公約数を持たない）

とおける。

また，最小公倍数が7140であるから，

$10ab = 7140$

すなわち，

$ab = 714$ ……②

Step❷ その他の条件に関する式を作る

AはBよりも130大きいので，

$A = B + 130$

①を代入すると，

$10a = 10b + 130$

$a = b + 13$ ……③

Step❸ ②③の連立方程式を解く

③を②に代入すると，

$(b + 13)b = 714$

$b^2 + 13b - 714 = 0$

掛けて-714，足して$+13$になる2数は，

34と-21なので

$(b + 34)(b - 21) = 0$

$b > 0$より，$b = 21$

③に代入して，$a = 21 + 13 = 34$

因数分解の公式

$x^2 + (a + b)x + ab = 0$

$\Leftrightarrow (x + a)(x + b) = 0$

よって，$A = 340$，$B = 210$である。

AとBの和は，$340 + 210 = 550$となるので，**2**が正答である。

確認しよう ➡最大公約数と最小公倍数をもとにした式の立て方

正答 2

FOCUS 

約数，倍数に関する問題は，問題の意味を読み取り，約数や倍数を利用する解き方を理解することが重要である。

最大公約数や最小公倍数の求め方と利用のしかたもしっかりマスターしておくべきである。

要点のまとめ

重要ポイント1 約数・倍数

最大公約数と最小公倍数の求め方はしっかり理解しておきたい。あとは問題に取り組みながら応用力を身につけよう。

■素数

1と自分自身でしか割り切れない数を素数という。具体的には，2，3，5，7，11，13，……などである。

（注）1は素数ではない。

■素因数分解

正の整数を素数の積で表すことを「素因数分解する」という。

〔例〕504を素因数分解する。

504を，素数で次々に割っていく。

2) 504
2) 252
2) 126
3) 63
3) 21
　　7

こうして，504を素因数分解すると

$$504 = 2^3 \times 3^2 \times 7$$

となる。

■最大公約数

2整数A，Bの共通の約数（公約数）の中で最大の数を最大公約数という。

$$\left.\begin{array}{l} A = Ga \\ B = Gb \end{array}\right\}$$

において，aとbが1以外の公約数を持たないときA, Bの最大公約数はGである。

〔例〕180と378の最大公約数を求める。

素因数分解して公約数をまとめると

$180=2^2\times3^2\times5=(2\times3^2)\times(2\times5)$

$378=2\times3^3\times7=(2\times3^2)\times(3\times7)$

(2×3^2)は公約数であり，(2×5)と(3×7)は1以外の公約数を持たない。

よって，最大公約数は　$2\times3^2=18$　である。

素因数分解

2)	180	2)	378
2)	90	3)	189
3)	45	3)	63
3)	15	3)	21
	5		7

■最小公倍数

2整数A，Bの共通の倍数(公倍数)の中で最小の数を最小公倍数という。

A，Bの最大公約数をGとすると

$$\left.\begin{array}{l}A=Ga\\B=Gb\end{array}\right\}$$ aとbは1以外の公約数を持たない。

したがって

Aの倍数であるためにはGa、Bの倍数であるためにはGbが，掛けられていて

Gは共通であるから，最小公倍数Lは

$$L=Gab$$

である。

〔例〕180と378の最小公倍数を求める。

$$\left.\begin{array}{l}180=(2\times3^2)\times(2\times5)\\378=(2\times3^2)\times(3\times7)\end{array}\right\}$$ において，最大公約数Gは

$G=2\times3^2$である。

よって，最小公倍数Lは

$L=(2\times3^2)\times(2\times5)\times(3\times7)=3780$

(注)　$$\left.\begin{array}{l}180=2^2\times3^2\times5\\378=2\times3^3\times7\end{array}\right\}$$ において，各素因数の，指数の大きいほうを取り出して掛けて

$L=2^2\times3^3\times5\times7=3780$

としてもよい。

最大公約数を求めないで最小公倍数を求めるときには，この方法がよい。

実戦問題

1 あるバスターミナルから，A，B，C 3本の路線バスが運行されている。A路線は15分ごと，B路線は18分ごと，C路線は10分ごとに発車しており，始発のバスが発車するのはいずれも6時である。このとき，7時から19時までの間でA，B，C 3本のバスが同時に発車する回数として正しいのはどれか。

【地方初級・平成22年度】

1 6回
2 7回
3 8回
4 9回
5 10回

2 横2cm×縦3cmの長方形のタイルが65枚ある。このタイルを敷きつめて最も大きい正方形を作りたい。このとき使用するタイルの枚数を求めよ。

【地方初級・平成18年度】

1 52枚
2 54枚
3 56枚
4 60枚
5 62枚

3 4725の正の約数のすべての個数はどれか。

【地方初級・平成19年度】

1 24個
2 30個
3 36個
4 42個
5 48個

4 ある自然数xについて，次のア～ウのことがわかっている。

【警察官・平成30年度】

ア 200より大きく，300より小さい。
イ 7の倍数である。
ウ 17で割ると，商と余りが一致する。

このとき，自然数xにおける各ケタの数の和として，正しいのはどれか。

1 8
2 9
3 10
4 11
5 12

5 154を割っても，246を割っても，16余る正の整数がある。この数を17で割ると6余る。この数を10で割るといくつ余るか。

【警察官・平成11年度】

1 1
2 3
3 4
4 6
5 8

実戦問題●解説

1 3つの数（15，18，10）の最小公倍数をもとに，同時発車時刻を求める。

Step❶　同時に発車する間隔は，15，18，10の最小公倍数で求められる

A路線は15分ごと，B路線は18分ごと，C路線は10分ごとにバスが発車するので，3路線が同時に発車する間隔を最小公倍数によって求める。

$15 = \quad 3 \times 5$

$18 = 2 \times 3^2$

$10 = 2 \quad\quad \times 5$

よって，最小公倍数は，

$2 \times 3^2 \times 5 = 90$

すなわち，90分ごとに同時に発車する。

Step❷　同時発車時刻を求める

始発が6時で，それから90分ごとに同時に発車する。

7時から19時までの間では，7時30分，9時，10時30分，12時，13時30分，15時，16時30分，18時の8回である。

よって，**3**が正答である。

確認しよう ➡最小公倍数の求め方　　**正答 3**

2 横2cm，縦3cmのタイルを敷きつめてできる最小の正方形の大きさを求める。

Step❶ 1辺は2と3の最小公倍数になる

2と3の最小公倍数が6であるから，このタイルを敷きつめてできる最小の正方形は1辺が6cmであって，使用するタイルは6枚である。

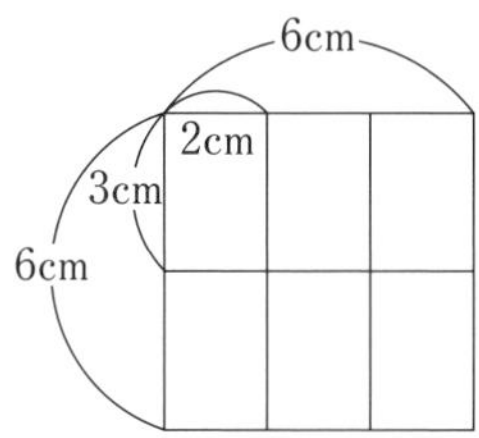

Step❷ 65枚を超えないようにする

この1辺が6cmの最小の正方形を2×2個，3×3個，……と並べると正方形ができる。

2×2＝4〔個〕のとき，使用タイルは4×6＝24〔枚〕

3×3＝9〔個〕のとき，使用タイルは9×6＝54〔枚〕

4×4＝16〔個〕のとき，使用タイルは16×6＝96〔枚〕(65枚を超える)

よって，最大の正方形を作ったとき，54枚のタイルを使うので，**2**が正答である。

確認しよう ➡最小の正方形の1辺は2cmと3cmの最小公倍数 **正答 2**

3 素因数分解のやり方と約数の作り方。

Step❶ 4725を素因数分解する

$$\begin{array}{r|l} 3 & 4725 \\ \hline 3 & 1575 \\ \hline 3 & 525 \\ \hline 5 & 175 \\ \hline 5 & 35 \\ \hline & 7 \end{array}$$

（注）4725の各位の数の和が
$4+7+2+5=18$（3の倍数）
であるから3で割り切れる。

こうして，$4725=3^3\times5^2\times7$

3で割り切れる数

各位の数の和が3の倍数ならば
その数は3で割り切れる。

Step❷ 約数の個数を考える

$4725=3^3\times5^2\times7$

3^3の約数は$\{1,\ 3,\ 3^2,\ 3^3\}$の4通り

5^2の約数は$\{1,\ 5,\ 5^2\}$の3通り

7の約数は$\{1,\ 7\}$の2通り

$\{1,\ 3,\ 3^2,\ 3^3\}$，$\{1,\ 5,\ 5^2\}$，$\{1,\ 7\}$の中からどの数を取って掛け合せても4725の約数になるから，積の作り方は

$4\times3\times2=24$〔通り〕

すなわち約数は24個できるので，**1**が正答である。

なお，上記に関して一般化すると以下のようになる。

自然数Nを素因数分解した結果が

$N=p^aq^br^c$ ……

であるとき，Nの正の約数の個数は，次の式で表される。

$(a+1)(b+1)(c+1)$ ……

確認しよう ➡素因数分解した後の扱い方

正答 1

4 条件を数式で表してみる。

Step❶ ウの条件を数式化する

商と余りをyとする。

17で割ると，商と余りが一致することから，

ある自然数xは，$x=17y+y=18y$となり，18の倍数となる。

Step❷ イの条件と合わせて考える

また，イの条件より7の倍数であるので，ある自然数xは，18の倍数かつ7の倍数となる。つまり，126の倍数となる（18と7の最小公倍数）。

126の倍数は，小さいものから順番に126，252，378，……。

さらに，アの条件より，200より大きく，300より小さいことから，252であることがわかる。

したがって，各ケタ数の和は，2＋5＋2＝9となるので，**2**が正答である。

確認しよう ➡条件の数式化，最小公倍数の利用　　**正答 2**

5 154を割っても，246を割っても16余る数は，16より大きい数で「154－16を割っても，246－16を割っても割り切れる数」である。したがって，154－16＝138と246－16＝230の公約数である。

Step❶ 条件に合う公約数を見つける

154－16＝138と246－16＝230の最大公約数を求め，公約数の中で17で割ると6余る数を見つける。

それぞれ，素因数分解して

$$\left.\begin{array}{l}138=2\times3\times23\\230=2\times5\times23\end{array}\right\}\text{であるから}$$

最大公約数は　2×23　である。

素因数分解

2) 138	2) 230
3) 69	5) 115
23	23

したがって，16より大きい公約数は2×23＝46と23である。

Step❷ 実際に17で割ってみて絞り込む

46＝17×2＋12　であるから46を17で割った余りは12

23＝17×1＋6　であるから23を17で割った余りは6

であるから，23が適する。

Step❸ 最後に10で割って余り（求める答え）を求める

23を10で割った余りは3であり，**2**が正答である。

確認しよう ➡最大公約数から公約数を求める方法　　**正答 2**

テーマ3 覆面算・方陣算

重要度

重要問題

次の図において，3×3のマス目に1つずつ整数を入れて，縦，横，両対角線の3数の和をすべて等しくなるようにしたい。図のように，4か所に8，12，13，14を入れたとき，Eの部分に入る数として，正しいのはどれか。

【警察官・令和元年度】

A	14	B
8	C	12
13	D	E

1　5
2　6
3　10
4　11
5　15

解説

中央のCについて考える。

Step❶　2行目に注目し，中央のCを求める

中央の数字は，各行，各列，対角線の平均になっていることに注目する。

2行目は，8，C，12となっている。真ん中のCは8と12の平均になるので，$C=10$となる。よって，各行，各列，対角線の合計は$8+10+12=30$。

Step❷　他のところを求める

1列目の合計は，$A+8+13=30$より，$A=9$

対角線の合計は，$A+C+E=30$より，$E=30-A-C=30-9-10=11$

よって，**4**が正答である。

確認しよう ➡方陣算の仕組み

正答 4

FOCUS

覆面算も方陣算も，何通りかの数を当てはめて適する数を求める問題である。

覆面算においては，整数の性質（たとえば「2×□の一の位の数が4ならば，□は2または7である」というような性質）を使って絞り込んでいく。

方陣算においては，1行または1列の和をもとに求めていくが，残っている数をピックアップしておくのも有効な手である。

いずれも，何通りか当てはめて調べなければならないから，マメに計算することが大切である。

要点のまとめ

重要ポイント 1 覆面算でよく使われる整数の性質

2つの整数の和でくり上がりがあれば，くり上がる数は1である。
3つの整数の和でくり上がりがあれば，くり上がる数は1または2である。

$$\begin{array}{r} 716 \\ +525 \\ \hline \boxed{1}241 \end{array} \qquad \begin{array}{r} 581 \\ 924 \\ +407 \\ \hline \boxed{1}912 \end{array} \qquad \begin{array}{r} 581 \\ 924 \\ +807 \\ \hline \boxed{2}312 \end{array}$$

重要ポイント 2 方陣算

■3×3型

3×3＝9個のマス目に1～9の数を入れて，縦，横，斜めのどの3個の数の和も等しくなるようにする。1＋2＋…… ＋9＝45であるから，1列に入る3個の数の和は45÷3＝15である。

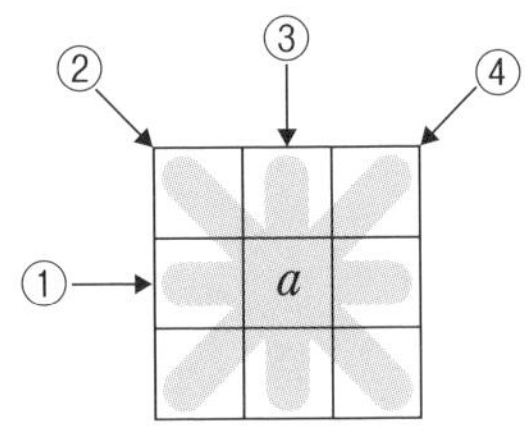

〔○→〕は→の向きの3個の数の和を表す

（i） 中央の数は5である。

図において

①＋②＋③＋④＝15×4＝60

上の式でaは4回，他は1回ずつ足されている。

aは，1＋2＋……＋9の中の1つであるから

$3a+(1+2+\cdots\cdots+9)=60$

$3a+45=60$

$3a=15$　　∴　$a=5$　　である。

（ii） 中央の数5に関して対称な位置にある2つの数の和は10である。

1列の3個の数の和が15で，中央の数が5であるから，中央の数5に関して対称な位置にある2数の和は15－5＝10である。

（iii） 補助マスを使う方法

方陣の外側に，点線で示した補助マスを作る（次ページの図を参照）。

●斜めに並んだ3個のマスに，どの向きの斜めでもよいから同じ向きに，順に（→1，2，3），（→4，5，6），（→7，8，9）を入れる。

[redacted]

●補助マスに入った数を，遠いほうのマスに移す。

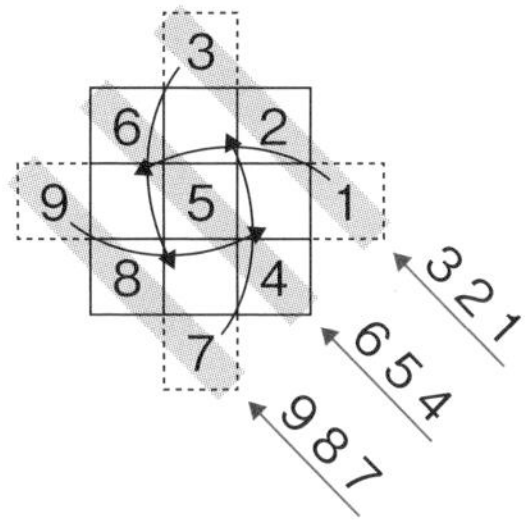

⇨

6	7	2
1	5	9
8	3	4

■4×4型

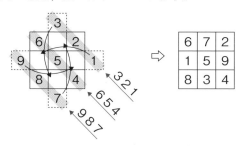

4×4＝16個のマス目に1～16の数を入れて縦，横，斜めのどの4個の数の和も等しくなるようにする。

1＋2＋……＋16＝136　であるから

1列に入る4個の数の和は

136÷4＝34

である。

（例）

16	3	2	13
5	10	11	8
9	6	7	12
4	15	14	1

（i）　次の図の，模様のついた4個の数の和は，いずれも34である。

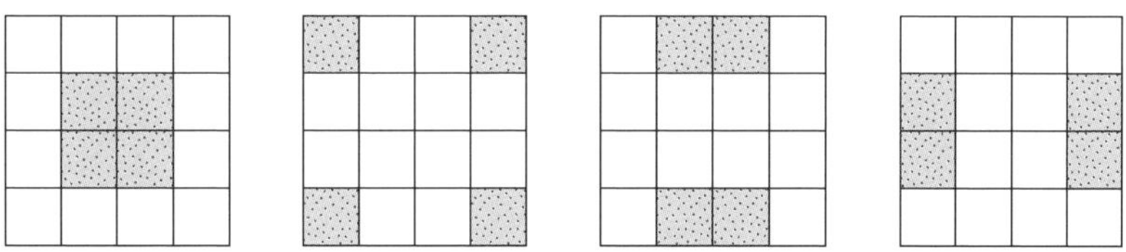

（ii）　方陣の中心●印に関して対称な位置にある2つの数の和が17になる問題がよく出題される。この型で完成しないか，と考え始めるとよい。この型では，次図のP，Q，R，Sの各部分の4個の数の和もすべて34である。

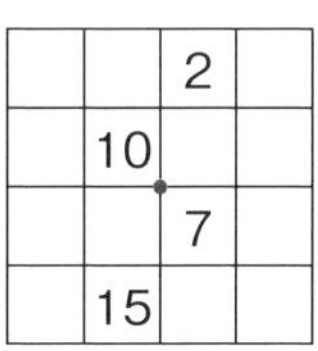

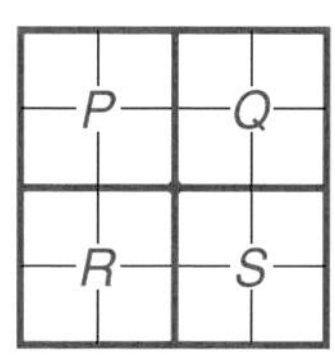

実戦問題

1 5つの数，－9，8，2，5，6を□×□－□×□に当てはめたとき，最大値はいくつになるか。

【地方初級・平成12年度】

1 46
2 53
3 82
4 102
5 116

2 次の計算式が成り立つとき，$A+B-C$ はいくつか。
なお，□には0，2，A，B，C 以外の数字が入り，同じ数字は入らないものとする。

【警察官・平成19年度】

$$\begin{array}{rrrrr} & & A & B & C \\ \times & & & C & 2 \\ \hline & \square & \square & A & 0 \\ B & \square & A & C & \\ \hline B & \square & 2 & 2 & 0 \end{array}$$

1 5
2 6
3 7
4 8
5 9

3 次のような割り算において，0～9のいずれかの数字が□に入るとしたとき，すべての□の数字の和はいくらになるか。
ただし，□には同じ数字が入ってもよい。

【国家Ⅲ種・平成14年度】

```
          2□
    ──────────
 96 ) 2□□□
      192
    ──────────
        7□□
        7□□
    ──────────
          0
```

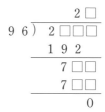

1 35
2 44
3 45
4 48
5 58

4 1～16の整数すべてを用いて表を作成した。この表の各行および列の数字の和がすべて等しいとき，表中のア～エに当てはまる数字の組合せとして正しいのはどれか。

【国家一般職／税務・平成24年度】

ア	2	3	イ
5	オ	10	8
9	7	カ	12
ウ	14	15	エ

	ア	イ	ウ	エ
1	11	13	4	6
2	13	11	6	4
3	13	16	4	1
4	16	13	1	4
5	16	13	4	1

実戦問題●解説

1 (□×□)−(□×□)であるから，後ろのカッコの中が負の数のほうが，全体としては大きくなる。

Step❶　−9の決定

与えられた5つの数の中で，負の数は−9だけであるから

$(\square\times\square)-(\boxed{-9}\times\square)$

の形で最大となる。

Step❷　8の決定

$\square\times\square-(\boxed{-9}\times\square)=\square\times\square+9\times\square$

に8，2，5，6を当てはめたとき，9に掛けられる数が大きいほど全体は大きくなるから

$\square\times\square+9\times\boxed{8}$

の形で最大となる。

Step❸　他の数を当てはめる

$\square\times\square+9\times8$に2，5，6を当てはめるとき，最大値は

$\boxed{5}\times\boxed{6}+9\times8=30+72=102$

であり，**4**が正答である。

確認しよう ➡符号に注意して当てはめる　　**正答 4**

2 5×(偶数)の一の位の数は0になる。

Step❶ 2数の積で一の位の数が0になるものに着目

$A\ B\ C$	$C\times2$の一の位の数が0であるから
$\times\quad C\ 2$	$C=5$または$C=0$
□□ $A\ 0$	しかし，$C2$において$C=0$はありえないので，
B □ $A\ C$	$C=5$となる。
B □ $2\ 2\ 0$	

Step❷ Aを定める

$A\ B\ 5$	$A+5$の一の位の数が2であるから
$\times\quad 5\ 2$	$A=7$
□□ $A\ 0$	
B □ $A\ 5$	
B □ $2\ 2\ 0$	

Step❸ Bを定める

$7\ B\ 5$	$B5\times2=70$または$B5\times2=170$から
$\times\quad 5\ 2$	$B=3,\ 8$
□□ $7\ 0$	しかし$B=8$とすると，$785\times2=1570$となり，
B □ $7\ 5$	□に5が入るが，$C=5$により不可。
B □ $2\ 2\ 0$	よって，$B=3$

$7\ 3\ 5$	よって，$A+B-C=7+3-5=5$
$\times\quad 5\ 2$	となり，**1**が正答である。
$1\ 4\ 7\ 0$	
$3\ 6\ 7\ 5$	
$3\ 8\ 2\ 2\ 0$	

確認しよう ➡一の位の数が0→5×(偶数)
一の位の数が5→5×(奇数)

正答 1

3　96×$\boxed{a}$＝7□□となるaは，a＝8だけである。

Step❶　a＝8の決定

右に示した〔計算式1〕において

a×96＝7□□

となるaは

8×96＝768

であるからa＝8だけである。

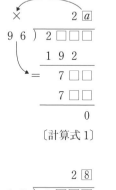

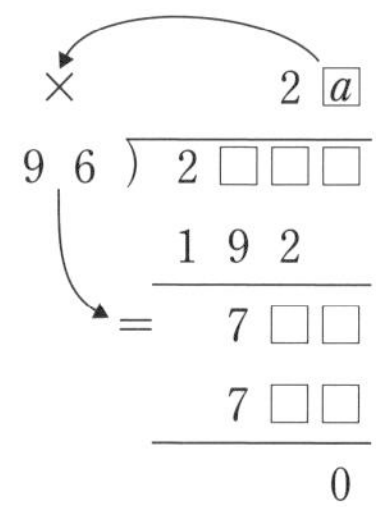

〔計算式1〕

Step❷　a＝8のとき

右の〔計算式2〕において

①の8×96＝768

が計算でき，

同時に，割り切れている割り算

であるから

②の28×96＝2688

が計算できる。

このとき③は7$\boxed{6}\boxed{8}$と定まり，

割り算は完成する。

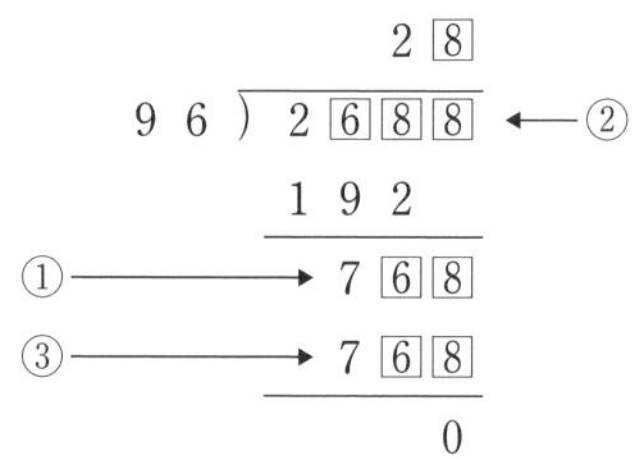

〔計算式2〕

Step❸　□に入った数の合計を計算する

$\boxed{6}$が3個，$\boxed{8}$が5個であるから

6×3＋8×5＝18＋40＝58

となり，**5**が正答である。

確認しよう　➡数が確定できるところから計算する　　**正答 5**

4 1行および1列に入る4個の数の和を求める。次に，1行のうち3個の数が与えられた行で第4の数を求める。

	⑤↓			⑥↓
①→	ア	2	3	イ
②→	5	オ	10	8
③→	9	7	カ	12
④→	ウ	14	15	エ

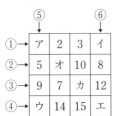

Step❶ 1行および1列の和から，空欄が1つの行を埋めていく

4×4の方陣で，1～16の整数を入れる問題であるから，1行および1列に入る4個の数の和は

(1＋2＋……＋16)÷4＝34

である。空欄が1つの②と③をまず考える。

5＋オ＋10＋8＝34 ……② より，オ＝11

9＋7＋カ＋12＝34 ……③ より，カ＝6

Step❷ 空欄が2つある行と列は，残った整数から当てはめる

空欄が2つの①，④，⑤，⑥についても，**Step❶**と同様に考えて，

ア＋2＋3＋イ ＝34 ……① より，ア＋イ＝29

ウ＋14＋15＋エ＝34 ……④ より，ウ＋エ＝5

ア＋5＋9＋ウ ＝34 ……⑤ より，ア＋ウ＝20

イ＋8＋12＋エ ＝34 ……⑥ より，イ＋エ＝14

ア～エに当てはまる整数は，方陣に載っていない1，4，13，16のいずれかなので，

①より，ア，イは13または16

④より，ウ，エは1または4

⑤より，ア，ウは4または16

⑥より，イ，エは1または13

以上により，ア＝16，イ＝13，ウ＝4，エ＝1がわかる。

よって，**5**が正答である。

確認しよう ➡4×4型の方陣の性質 **正答 5**

テーマ 4 記数法・整数問題

重要度

重要問題

6進法で表された数515を10進法で表したときの一の位の数として，最も妥当なのはどれか。

【東京消防庁・令和元年度】

1　1
2　2
3　3
4　4
5　5

解説

6進法の515を10進法に変換する。
（P.42重要ポイント①参照）

Step❶ 6進法の515を10進法に変換する

たとえば，n進法のabcを10進法に直すと，

$a \times n^2 + b \times n + c$となる。

6進法の515を10進法に直すと，

$5 \times 6^2 + 1 \times 6 + 5 = 191$　となる。

Step❷ 一の位を確認する

191の一の位は1であるから，**1**が正答である。

確認しよう ➡ n進法から10進法への変換

正答 1

FOCUS

私たちが日常使っている数は10進法で表されている。たとえば，数字5，3，6を並べた536は

$500 + 30 + 6 = (5 \times 10^2) + (3 \times 10) + 6$

を表している。

他の記数法，たとえば3進法で2102と表された数は

$(2 \times 3^3) + (1 \times 3^2) + (0 \times 3) + 2$

を表し，10進法で計算すると

$(2 \times 27) + 9 + 2 = 54 + 9 + 2 = 65$

である。

10進法以外の計算は不慣れであるため，初めのうちは扱いづらいかもしれないが，基本的な問題が多いので，記数法の原理と計算の方法をマスターすれば得点源になる分野である。

要点のまとめ

重要ポイント❶ n進法から10進法へ

n進法で〔abc〕と表された数は，a，b，cが0，1，……，$n-1$のいずれかであって，10進法で表すには次の式を計算すればよい。

$$〔abc〕_{(n)} = a \times n^2 + b \times n + c$$

a：n^2の位　b：nの位　c：1の位

重要ポイント❷ 10進法からn進法へ

〔例〕 265を3進法で表す。

265を3で次々と割って余りを書き出していく。

```
3) 265
3)  88 …… 1 ←(265を3で割った余り：265＝3×88＋1)
3)  29 …… 1 ←(88を3で割った余り：88＝3×29＋1)
3)   9 …… 2 ←(29を3で割った余り：29＝3×9＋2)
3)   3 …… 0 ←(9を3で割った余り：9＝3×3＋0)
     1 …… 0 ←(3を3で割った余り：3＝1×3＋0)
```

これを下から順に書いていけばよい。

上の計算式は，次の計算を表す。

$$\begin{aligned}
265 &= 3 \times 88 + 1 \\
&= 3(3 \times 29 + 1) + 1 = 3^2 \times 29 + 1 \times 3 + 1 \\
&= 3^2(3 \times 9 + 2) + 1 \times 3 + 1 \\
&= 3^3 \times 9 + 2 \times 3^2 + 1 \times 3 + 1 \\
&= 3^3(3 \times 3 + 0) + 2 \times 3^2 + 1 \times 3 + 1 \\
&= 3^4 \times 3 + 2 \times 3^2 + 1 \times 3 + 1 \\
&= 3^4(1 \times 3 + 0) + 2 \times 3^2 + 1 \times 3 + 1 \\
&= 1 \times 3^5 + 2 \times 3^2 + 1 \times 3 + 1
\end{aligned}$$

3^5の位　3^2の位　3の位　1の位

よって，10進法の265は，3進法では100211と表される。

実戦問題

1 10進法の47をn進法で表すと142になった。それと同じn進法で表された243を10進法で表したときの値として，最も妥当なのはどれか。

【東京消防庁・平成25年度】

1 65
2 69
3 70
4 73
5 82

2 6進法で表された数543を10進法で表したときの一の位はどれか。

【地方初級・平成9年度】

1 1
2 3
3 5
4 7
5 9

3 2進法で111で表せる数と4進法で110で表せる数の和を5進法で表すと，どのように表せるか。

【警視庁・平成21年度】

1 100
2 102
3 103
4 110
5 112

4 各位の数がそれぞれ異なる3ケタの正の整数のうち，各位の数の和が17であり，一の位の数と百の位の数とを入れ替えてできた整数が入れ替える前の整数より495小さくなる整数の個数として，正しいのはどれか。

【東京都・平成26年度】

1 1
2 2
3 3
4 4
5 5

5 百の位の数が9である3ケタの整数があり，十の位と一の位の数の和も9である。この3ケタの整数から，百の位の数と一の位の数を入れ替えてできる数を引くと，396となった。この整数の十の位と一の位の数の積として，正しいのはどれか。

【地方初級・平成25年度】

1 8
2 9
3 14
4 18
5 20

6 5で割り切れる4ケタの正の整数がある。この整数の各位の数字はそれぞれ異なっており，その和は14である。また，この整数の各位の数字を逆に並べてできた数は，もとの整数より1818大きくなる。このような整数の百の位の数字として正しいものはどれか。

【地方初級・平成10年度】

1 0
2 1
3 2
4 3
5 4

実戦問題●解説

1 n進法のnの値をまず求める。

Step❶ n進法の142を10進法に変換してnの値を求める

10進法の47をn進法で表すと142になったことから，

$1 \times n^2 + 4 \times n + 2 = 47$

$n^2 + 4n - 45 = 0$

掛けて-45，足して$+4$

になる2数は，9と-5なので

$(n+9)(n-5) = 0$

$n > 0$より，$n = 5$

> 因数分解の公式
>
> $x^2 + (a+b)x + ab = 0$
>
> $\Leftrightarrow (x+a)(x+b) = 0$

Step❷ 5進法の243を10進法に変換する

5進法の243を10進法で表すと，

$2 \times 5^2 + 4 \times 5 + 3 - 73$となり，**4**が正答である。

確認しよう ➡ n進法から10進法への変換と10進法からn進法への変換　**正答 4**

2 6進法で表された数543の5，4，3は

```
5 4 3
↑ ↑ ↑
│ │ └1の位
│ └6の位
└6²の位
```

を表す。

6進法で543と表された数を10進法で表すには，記数法の原理に基づいて計算すればよい。

$543_{(6)} = 5 \times 6^2 + 4 \times 6 + 3 = 5 \times 36 + 24 + 3$

$= 180 + 27$

$= 207$

よって，一の位は7であり，**4**が正答である。

確認しよう ➡記数法の原理　**正答 4**

3 2進法で表した数と4進法で表した数は直接加えることができない。それぞれ10進法で表してから和を求め，それをさらに5進法で表す。

Step❶ 2進法の111と4進法の110を10進法で表す

2進法で表した数と4進法で表した数は直接加えることができないので，まずはそれぞれ10進法の数で表す。

$111_{(2)} = 1 \times 2^2 + 1 \times 2 + 1 = 4 + 2 + 1 = 7$

（右から順に）1の位，2の位，2^2の位

$110_{(4)} = 1 \times 4^2 + 1 \times 4 + 0 = 16 + 4 = 20$

（右から順に）1の位，4の位，4^2の位

よって，10進法でのこの2つの数の和は，

$7 + 20 = 27$

である。

Step❷ 10進法の数を5進法で表す

10進法の27を5進法で表す。

5) 27
5) 5……2 ← $27 \div 5 = 5 \cdots 2$
　 1……0 ← $5 \div 5 = 1 \cdots 0$

よって

$27 = 102_{(5)}$

となり，**2**が正答である。

確認しよう ➡記数法の原理

正答 2

4 3ケタの正の整数abcは，$100a+10b+c$と表せる。

Step❶ 与えられた条件を数式化する

3ケタの正の整数をabcと表すと，各位の数の和が17であることから，

$a+b+c=17$ ……①

また，一の位と百の位の数を入れ替えてできた整数が入れ替える前の整数より495小さくなることから，

$100c+10b+a=100a+10b+c-495$

$99a=99c+495$

$a=c+5$ ……②

Step❷ 式を代入して文字数を減らす

②を①に代入して，

$c+5+b+c=17$

$b+2c=12$ ……③

Step❸ 条件を満たす（b，c）の組合せを書き出す

③を満たすbとcの組合せは，$(b, c)=(2, 5)$，$(6, 3)$，$(8, 2)$である。

また，①より，

$(b, c)=(2, 5)$のとき，$a=10$となり不適。

$(b, c)=(6, 3)$のとき，$a=8$となり，3ケタの正の整数は863

$(b, c)=(8, 2)$のとき，$a=7$となり，3ケタの正の整数は782

よって，条件を満たす整数は2個である。**2**が正答である。

確認しよう ➡3ケタの正の整数abcの表し方　　**正答 2**

5 一の位に着目する。

Step❶　与えられた条件を数式化する

百の位の数が9であることから，3ケタの整数を$9ab$と表す。

十の位と一の位の数の和が9であることから，

$a+b=9$　……①

また，この3ケタの整数から，百の位と一の位の数を入れ替えてできた数$ba9$を引くと396となることから，

$$\begin{array}{r} 9\,a\,b \\ -\ b\,a\,9 \\ \hline 3\,9\,6 \end{array}$$

Step❷　一の位に着目してbの値を求める

一の位に着目すると，差の一の位が6になるためには，$b=5$でなければならない。

Step❸　aの値を求める

これを①に代入して，$a=4$。

よって，3ケタの整数は945である。

したがって，十の位と一の位の数の積は，

$4\times5=20$

であるから，**5**が正答である。

☞確認しよう ➡与えられた条件を数式化，図式化する方法　**正答 5**

6 4ケタの整数を〔$abcd$〕と表すと，a～dは0～9のいずれかで

〔$abcd$〕$=a\times10^3+b\times10^2+c\times10+d$

であり，逆に並べた数〔$dcba$〕は

〔$dcba$〕$=d\times10^3+c\times10^2+b\times10+a$

である。

Step❶　5で割り切れる4ケタの整数を〔$abcd$〕と表してみる

一の位の数dは，$d=0$または$d=5$であるが，逆に並べて数を作ることができることから$d=0$は不適当である。

$\therefore\ d=5$

各位の数の和が14であるという条件から

$a+b+c+5=14$

$a+b+c=9$ ……①

Step❷ 〔$abc5$〕を逆に並べた数〔$5cba$〕について検討する

〔$5cba$〕が，もとの整数より1818大きくなることから

〔$5cba$〕＝〔$abc5$〕＋1818

$5\times10^3+c\times10^2+b\times10+a$

$=a\times10^3+b\times10^2+c\times10+5+1818$

$a+10b+100c+5000=1000a+100b+10c+1823$

Step❸ a，b，cの値が決められる形になるまで変形する

$90c+3177=999a+90b$

両辺を9で割って　$10c+353=111a+10b$

$10c$と$10b$は一の位は0であるから，左辺の一の位は3。

右辺の一の位が3になるのは$a=3$のときである。

Step❹ b，cの値を求める

$10c+353=333+10b$

$10c+20=10b$

両辺を10で割って，$c+2=b$

①と，$a=3$，$c+2=b$　から

$$\begin{cases} a+b+c=9 \\ a=3 \\ c+2=b \end{cases} \quad \therefore \begin{cases} b+c=6 \\ b-c=2 \end{cases} \text{から} \begin{cases} b=4 \\ c=2 \end{cases}$$

よって，百の位の数は$b=4$であり，**5**が正答である。

確認しよう ➡一の位の数の利用　　**正答 5**

テーマ5 数 列

重要度

重要問題

1から300までの自然数のうち，6で割り切れない自然数の総和はどれか。

【特別区・平成25年度】

1 37482
2 37488
3 37494
4 37500
5 37506

解説

1から300までの自然数の総和から，6で割り切れる自然数の総和を引く。

等差数列の和は，$\dfrac{(\text{初項}+\text{末項})\times\text{項数}}{2}$ で計算できる。

Step❶ 1から300までの自然数の総和を等差数列の和の公式を用いて求める

1から300までの自然数の総和は，

$$\frac{(1+300)\times 300}{2}=45150$$

Step❷ 1から300までの自然数のうち，6で割り切れる自然数の総和を等差数列の和の公式を用いて求める

1から300までの自然数のうち，6で割り切れる自然数は，6，12，18，……，300であり，項数は$300\div 6=50$個であることから，これらの総和は，

$$\frac{(6+300)\times 50}{2}=7650$$

Step❸ 1から300までの総和から，6で割り切れる数の総和を引く

よって，1から300までの自然数のうち，6で割り切れない自然数の総和は，

$$45150-7650=37500$$

ゆえに，**4**が正答である。

確認しよう ➡等差数列の和の公式

正答 4

FOCUS

数列とは，一定の規則を持って並んだ数の列のことである。

数列の問題は，等差数列，等比数列の公式を利用する問題と，数列の項を群に分けて群の持つ規則性を利用する問題に大別できる。

与えられた数列が等差数列や等比数列でなくても，各項の差を数列にしたときにそのもの自体が等差数列になる場合もある（これを階差数列という）。

規則性をつかむことが大切である。

要点のまとめ

重要ポイント❶ 等差数列

1, 4, 7, 10, 13, ……のように隣り合う2項の差が一定である数列のことを等差数列という。その差を公差という。

初項 a, 公差 d の等差数列　a, $a+d$, $a+2d$, ……の
第 n 項（一般項）a_n は

$$a_n=a+(n-1)d$$

となり，
初項から n 項までの和 S_n は

$$S_n=\frac{n\{2a+(n-1)d\}}{2}=\frac{n(a+a_n)}{2}$$

等差数列の和は，$\dfrac{(\text{初項}+\text{末項})\times\text{項数}}{2}$ と覚えておこう。

重要ポイント❷ 等比数列

1, 2, 4, 8, 16, 32, ……のように隣り合う2項の比が一定である数列のことを等比数列という。その比を公比という。

初項 a, 公比 r の等比数列　a, ar, ar^2, ……の
第 n 項（一般項）a_n は

$$a_n=ar^{n-1}$$

となり，
初項から n 項までの和 S_n は

$$S_n=\frac{a(r^n-1)}{r-1}$$

実戦問題

1 3, 2, 6, 8, 5, 1, 4, 3, 2, 6, 8, 5, 1, 4, 3, 2……と，一定の規則に従って並ぶ数列がある。この数列の1000番目に当たる数字として，最も妥当なものはどれか。

【東京消防庁・平成24年度】

1 8
2 5
3 1
4 4
5 2

2 正の奇数を次のような組に分けると，403は何組目に含まれるか。

【東京消防庁・平成16年度】

(1)（3, 5）（7, 9, 11）（13, 15, 17, 19）……

1 17
2 18
3 20
4 21
5 23

3 100以下の正の整数のうち，奇数を足し合わせたものとして，正しいのはどれか。

【警視庁・平成27年度】

1 2400
2 2450
3 2500
4 2550
5 2600

4 下の表のように，ある法則に従って数字をマス目に並べたとき，10行14列のマス目に入る数字はどれか。

【東京都・令和2年度】

1 179
2 180
3 181
4 182
5 183

列→

行↓	1列	2列	3列	4列	5列	…
1行	1	2	5	10	17	
2行	4	3	6	11	18	
3行	9	8	7	12	19	
4行	16	15	14	13	20	
5行	25	24	23	22	21	
⋮						

5 2から16までの異なる偶数の数値が1つずつ書いてあるカードが8枚あり，A～Cが同時に2枚ずつ引いた。今，カードの数の合計が，Aは12，Bは16，Cは14であったとき，残った2枚のカードの大きい数から小さい数を引いた値はどれか。

【地方初級・平成21年度】

1 2
2 4
3 6
4 8
5 10

6 15，22，29，36，……で表される数列の初項から第50項までの和から，15，30，60，120，……で表される数列の第8項を差し引いた値はどれか。

【地方初級・平成20年度】

1 7405
2 8365
3 8845
4 9085
5 9325

実戦問題●解説

1 数列の規則性を見つける。7個で1つのかたまりになっている。

Step❶　規則性を見つける

与えられた数列は，(3，2，6，8，5，1，4)の7個で1つのかたまりと考えられる。

Step❷　1000番目の数字までに7個のかたまりが何回出てくるかを求める

1000番目に当たる数字は，

$1000 \div 7 = 142 \cdots 6$　より，

(3，2，6，8，5，1，4)のかたまりが142回出てきた後の6番目の数字なので，1となる。

よって，**3**が正答である。

確認しよう　➡群数列の考え方　　　**正答 3**

2 奇数列1，3，5，…… の第 n 番目の項の値は$2n-1$である。

Step❶　奇数列の組分けをする

(1)	(3, 5)	(7, 9, 11)	(13, 15, 17, 19)	……
1個	2個	3個	4個	……

のように組分けすると，

第m組目までの項の個数は

合計　$1+2+3+\cdots\cdots+m=\frac{m(m+1)}{2}$〔個〕

すなわち，第m組目の最後の項は奇数列　1，3，5，……の$\frac{m(m+1)}{2}$番目の項である。

したがって，第m組目の最後の項の値は

$$2\times\frac{m(m+1)}{2}-1=m(m+1)-1$$

Step❷　403がm組に入っているとしてmを求める

mは，$403\leqq m(m+1)-1$を満たす最初(最小)のmである。

$404\leqq m(m+1)$　〔展開しないほうがよい〕

$19\times20=380<404$，$404<20\times21=420$

であるから，求めるmの値は$m=20$であって，20組目に含まれる。

よって，**3**が正答である。

確認しよう ➡項の番号と項の値の関係

正答 3

3 等差数列の和は，$\frac{(初項+末項)\times項数}{2}$で計算できる。

Step❶　100以下の正の整数のうち，奇数が何個出てくるかを求める

100以下の正の整数のうち，奇数は，

1，3，5，……，99であり，項数は$(99-1)\div2+1=50$である。

Step❷　等差数列の和の公式を用いて和を求める

奇数を足し合わせたものは，等差数列の和になっているので，

$$\frac{(1+99)\times50}{2}=2500$$

よって，**3**が正答である。

確認しよう ➡等差数列の和の公式

正答 3

4 1列目の数の規則性に注目する。

Step❶ 14行1列目の数を求める

1列目の数は，1，4，9，16，25，……，となっている。

つまり，1^2，2^2，3^2，4^2，5^2，……となっていることから，

14行1列目の数は，$14^2=196$であることがわかる。

Step❷ 14行14列目の数を求める

14行14列目の数は，14行1列目の数からマス目を右に13進むので，13小さくなる。

よって，$196-13=183$であることがわかる。

Step❸ 10行14列目の数を求める

10行14列目の数は，14行14列目からマス目を上に4進むので，4小さくなる。

よって，$183-4=179$であるから，**1**が正答である。

☞確認しよう ➡規則性の発見

正答 1

5 2から16までの偶数の和は，初項2，末項16，項数8の等差数列の和として考えられる。

A～Cの和から，残ったカードの数の合計を求める。

Step❶ 2から16までの偶数の和を求める

8枚のカードは，2，4，……，16であることから，初項2，末項16，項数8の等差数列である。この和は，等差数列の和の公式より，

$$2+4+\cdots\cdots+16=\frac{(2+16)\times 8}{2}=72$$

となる。

Step❷ **A～C**の和から，残ったカードの合計を求める

カードの数の合計が，Aは12，Bは16，Cは14であるから，残ったカードの合計は，

$$72-(12+16+14)=30$$

となる。これを満たすカードのペアは14と16のみである。

Step❸ 残ったカードの大きい数から小さい数を引く

残ったカード(14と16)の大きい数から小さい数を引くと，

$$16-14=2$$

よって，**1**が正答である。

確認しよう ➡等差数列の和の求め方　　**正答 1**

6 等差数列，等比数列を応用する。

Step❶ 等差数列の和の公式を使う

数列15，22，29，36，……は，初項15，公差7の等差数列であるから，初項から50項目までの和は

$$S_{50}=\frac{50\{2\times15+(50-1)\times7\}}{2}=\frac{50(30+49\times7)}{2}$$

$$=25(30+343)=25\times373=9325$$

Step❷ 等比数列の一般項の公式を使う

数列15，30，60，120，……は，初項15，公比2の等比数列であるから，第8項の値は

$$a_8=15\times2^{8-1}=15\times2^7=15\times128=1920$$

よって，求める値は

$$9325-1920=7405$$

となり，**1**が正答である。

確認しよう ➡等差数列，等比数列の第 n 項を求める公式
初項から n 項目までの和を求める公式

正答 1

第2章

方程式・不等式の応用

テーマ6 1次方程式・1次不等式

重要度

重要問題

ある講演会において，参加者を用意した長椅子に着席させるのに，1脚に3人ずつ着席させると14人が着席できず，1脚に4人ずつ着席させると，3人が着席する長椅子が1脚でき，5脚が余った。このとき，講演会の参加者数は何人か。

【地方初級・平成29年度】

1 116人
2 119人
3 122人
4 125人
5 128人

解説

脚数をxとおき，等式を立式する。

Step❶ 脚数をxとおき，参加者数をxを用いて表す

脚数をxとする。1脚に3人ずつ着席すると14人が着席できないことから，

参加者数は，$3x+14$〔人〕

また，1脚に4人ずつ着席すると3人が着席する長椅子が1脚でき，5脚が余ったことから，4人ずつ着席した脚数は$x-6$であるので，

参加者数は，$4(x-6)+3$〔人〕

Step❷ 等式を解く

よって，$3x+14=4(x-6)+3$

$3x+14=4x-24+3$

$3x-4x=-14-24+3$

$x=35$

したがって，参加者数は，$3x+14=3\times35+14=119$〔人〕となり，**2**が正答である。

確認しよう ➡等式の立て方

正答 2

FOCUS

方程式，不等式の応用問題では，適当な未知数を使って式を立て，すべての方程式，不等式を満たすものを求める。未知数が多くなる場合も，正確な式を立てれば，式を変形していく中で未知数が消えていく。重要なことは，設問の条件を余すことなく等式または不等式に表すことである。

〔未知数を使って立式〕→〔方程式・不等式を解く〕→〔答〕の手順に慣れよう。

要点のまとめ

重要ポイント 1 1次方程式の応用問題

問題文の条件から未知数を用いて式を立てるには慣れも重要である。未知数がそのまま設問の正答にならない場合もあるので慎重に。

■手順

①問題をよく読み，どの量を未知数(文字)で表すかを決める。

未知数が2個以上になっても，正しい式を立てれば必ず解ける。

②問題の条件から式を立て，これを解く。

未知数を2個以上使ったときは連立方程式になるから，一つ一つ文字を消去して解く。

③未知数の値が求められたら，設問の中で求めなくてはならない値が何であるかを確かめて正答となる選択肢を選ぶ。

重要ポイント 2 1次不等式の応用問題

■手順

①題意をよく理解して，適当な量を未知数に決める。

②問題の条件を不等式を用いて表す。

③不等式を解く。

不等式を解くとき，両辺に負の数を掛けたり，負の数で割ったりしたときには**不等号の向きが変わる**ことに注意する。

〔例〕 $3x<8$ ならば $x<\frac{8}{3}$　　$4x\geqq 9$ ならば $x\geqq\frac{9}{4}$

$-2x<3$ ならば $x>-\frac{3}{2}$　　$-5x\geqq -6$ ならば $x\leqq\frac{6}{5}$

▶最も重要なことは，問題の条件を余すところなく方程式・不等式で正確に表すことである。

実戦問題

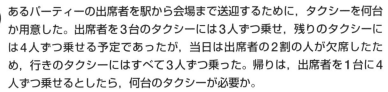

1 あるパーティーの出席者を駅から会場まで送迎するために，タクシーを何台か用意した。出席者を3台のタクシーには3人ずつ乗せ，残りのタクシーには4人ずつ乗せる予定であったが，当日は出席者の2割の人が欠席したため，行きのタクシーにはすべて3人ずつ乗った。帰りは，出席者を1台に4人ずつ乗せるとしたら，何台のタクシーが必要か。

【地方初級・平成17年度】

1 8台
2 9台
3 10台
4 11台
5 12台

2 A，Bの2人がそれぞれ黒と白の碁石を持っている。これについて次のことがわかっているとき，Bが持っている黒と白の碁石の個数の差として，正しいのはどれか。

ア Aは白い碁石を7個持っている。
イ Bが持っている黒い碁石の数は，Aが持っている黒い碁石の数の2倍以上である。
ウ Aが持っている黒い碁石と，Bが持っている黒い碁石の数の合計は11個である。
エ Bが持っている碁石の合計数は，Aが持っている碁石の合計数より少ない。

【警察官・平成23年度】

1 4個
2 5個
3 6個
4 7個
5 8個

3 ある園芸サークルでは，会員のうちサークルの定める年齢以上の者を特別会員と定め，会費を減額している。特別会員の数は，会員全体の数の10%であり，その平均年齢はサークルの定める年齢より3.0歳高く，また一般会員の平均年齢はサークルの定める年齢より5.0歳低い。会員全体の平均年齢が57.8歳であるとき，このサークルの定める年齢はどれか。

【地方初級・平成24年度】

1 53歳
2 56歳
3 59歳
4 62歳
5 65歳

4 ある店では定価180円のりんごAと，定価170円のりんごBの2種類を売っている。りんごAは8個より多く買うと，8個を超えた1個ごとに定価の2割引，りんごBは10個より多く買うと，10個を超えた1個ごとに定価の1割引になる。りんごAをある個数以上買うと，りんごBを同じ個数買う場合よりも支払う代金が少なくなる場合があるが，このときのりんごAの最少個数として，最も妥当なのはどれか。

【警視庁・平成27年度】

1 11個
2 12個
3 13個
4 14個
5 15個

5 あるマンションにおいて，昨年度当初の居住者全体の人数は200人未満で，居住者全体の男性と女性の人数の比は5：4であり，昨年度末までは，新しく入居した者はいなかったが，男性13人および女性10人が転出した。今年度当初には，男女同数の者が新しく入居して，居住者全体の人数は200人を超え，居住者全体の男性と女性の人数の比は6：5となった。このとき，今年度当初に新しく入居した者の人数として，正しいのはどれか。

【東京都・平成17年度】

1 32人　**2** 34人
3 36人　**4** 38人
5 40人

6 A高校とB高校の生徒数の比は，A：B＝3：2であり，A高校の男子生徒数と女子生徒数との比は，男子：女子＝2：1である。B高校の男子生徒数はA高校の男子生徒数より136人少なく，B高校の女子生徒数はA高校の女子生徒数より20人多い。このとき，B高校の男子生徒数として，正しいのはどれか。

【警察官・平成30年度】

1 88人
2 90人
3 92人
4 94人
5 96人

7 上野駅に同時に到着した3本の列車A，B，Cの乗客数の合計は，上野駅到着時に2,360人であった。上野駅では，各列車から同じ人数の乗客が降り，新たに乗った乗客はいなかった。その結果，上野駅到着時と比べた上野駅出発時の乗客数は，列車Aが10%，列車Bが16%，列車Cが12%，それぞれ減少した。上野駅出発時の3本の列車A，B，Cの乗客数の合計として，正しいのはどれか。

【東京都・令和2年度】

1 2,042人
2 2,052人
3 2,062人
4 2,072人
5 2,082人

実戦問題●解説

1 用意にしたタクシーの台数，出席予定者の人数を文字で表して式を立てる。

Step❶ 最初に予定していた乗車配分を考える

用意したタクシーの台数をx台，出席予定者数をn人とすると最初は3人ずつ3台に乗せ，$x-3$台に4人ずつ乗せる予定であったから

$$3\times3+4(x-3)=n$$

$$9+4x-12=n$$

$$n=4x-3 \quad \cdots\cdots①$$

Step❷ 当日の乗車配分を考える

当日の出席者数は2割減って$0.8n$人であり，この$0.8n$人が行きのタクシーに3人ずつ乗ったことから

$$3x=0.8n \quad \cdots\cdots②$$

②に①を代入して

$$3x=0.8(4x-3)$$

$$30x=8(4x-3)$$

$$15x=4(4x-3)$$

$$15x=16x-12$$

$$x=12〔台〕$$

当日の出席者数は②から$0.8n=3\times12=36$〔人〕

よって，帰りに4人ずつ乗せるとすると

$$36\div4=9〔台〕$$

のタクシーが必要である。

よって，**2**が正答である。

確認しよう ➡タクシーの台数，出席予定者数を文字で表して式を立てる　**正答 2**

2 未知数をそれぞれ文字（a_1, a_2, b_1, b_2）とおき，条件より方程式や不等式を立てる。

解く際，文字はそれぞれ正の整数であることに注意する。

Step❶ 碁石をそれぞれ文字でおき，条件を方程式または不等式で表す

Aの持っている黒と白の碁石をそれぞれa_1個，a_2個，Bの持っている碁石をそれぞれb_1個，b_2個として，条件を式で表す。

ア：$a_2=7$

イ：$b_1 \geqq 2a_1$

ウ：$a_1+b_1=11$

エ：$b_1+b_2<a_1+a_2$

Step❷ 式を代入してa_1を求める

ウより，$b_1=11-a_1$　これをイに代入して，

$11-a_1 \geqq 2a_1$

$3a_1 \leqq 11$

a_1は正の整数だから，$a_1=1$, 2, 3

Step❸ a_1の数によって場合分けをして他の文字も求める

(i)$a_1=1$のとき

ウより，$b_1=10$。これとアをエに代入して，

$10+b_2<1+7$

これを満たすb_2は存在しない。

(ii)$a_1=2$のとき

ウより，$b_1=9$。これとアをエに代入して，

$9+b_2<2+7$

これを満たすb_2は存在しない。

(iii)$a_1=3$のとき

ウより，$b_1=8$。これとアをエに代入して，

$8+b_2<3+7$

これを満たす整数は，$b_2=1$

ゆえに，Bが持っている碁石は黒8個，白1個となり，その差は7個となる。よって，**4**が正答である。

確認しよう ➡文字が正の整数のときの場合分けのしかた　　**正答 4**

3 (平均年齢)＝$\dfrac{(\text{年齢の合計})}{(\text{人数})}$より

(年齢の合計)＝(人数)×(平均年齢)である。

特別会員，一般会員，会員全体について式を立てる。

Step❶　特別会員，一般会員，会員全体について，年齢の合計を求める

会員数をx人，サークルの定める年齢をy歳とする。

特別会員について，人数は会員全体の10％より$(0.1x)$人，平均年齢は$(y+3)$歳であるから，年齢の合計は，

$(0.1x)\times(y+3)$〔歳〕　……①

一般会員について，人数は$(0.9x)$人，平均年齢は$(y-5)$歳であるから，年齢の合計は，

$(0.9x)\times(y-5)$〔歳〕　……②

会員全体について，人数はx人，平均年齢は57.8歳であるから，年齢の合計は，

$57.8x$〔歳〕　……③

Step❷　年齢の合計をもとに方程式を立てる

年齢の合計は，(特別会員)＋(一般会員)＝(会員全体)である。すなわち，①＋②＝③であるから，

$(0.1x)\times(y+3)+(0.9x)\times(y-5)=57.8x$

両辺をxで割って

$0.1(y+3)+0.9(y-5)=57.8$

両辺を10倍して

$(y+3)+9(y-5)=578$

$y+3+9y-45=578$

$10y-620$

$\therefore\quad y=62$

よって，サークルの定める年齢は62歳であるから，**4**が正答である。

確認しよう ➡平均の求め方　　**正答 4**

4 りんごAとりんごBの個数をx個とおき，不等式を立てる。

Step❶ りんごAとりんごBの個数をx個とおき，不等式を立式する

りんごAとりんごBは同じ個数であることから，りんごAとりんごBの個数をx個とする。

りんごAは8個より多く買うと，8個を超えた1個ごとに定価の2割引，りんごBは10個より多く買うと，10個を超えた1個ごとに定価の1割引になることから，

$$180\times 8+180\times(1-0.2)\times(x-8)<170\times 10+170\times(1-0.1)\times(x-10)$$

Step❷ 不等式を解く

$$180(8+x-8-0.2x+1.6)<170(10+x-10-0.1x+1)$$

$$18(8x+16)<17(9x+10)$$

$$144x+288<153x+170$$

$$-9x<-118$$

$$x>13.11\cdots\cdots$$

よって，この不等式を満たす最小のxは，$x=14$なので，**4**が正答である。

確認しよう ➡不等式の立て方

正答 4

5 男性と女性の人数の比が5：4であるから，男性を5n人，女性を4n人として式を立てるとよい。

Step❶ 男性・女性の人数の置き方に注意する

昨年度当初の男性と女性の人数の比が5：4であるから，男性を5n人，女性を4n人とする。

昨年度当初は居住者全体が200人未満であることから

$5n+4n<200$

$9n<200$ ……①

Step❷ 式を立てる

昨年度末までに男性13人，女性10人が転出して，今年度当初に男女同数が入居したことから今年度当初に男女ともx人ずつ入居したとすると

男性 $5n-13+x$〔人〕 女性$4n-10+x$〔人〕

これらの比が6：5であることから

$(5n-13+x):(4n-10+x)=6:5$

$5(5n-13+x)=6(4n-10+x)$

$25n-65+5x=24n-60+6x$

$n=5+x$ ……②

比の性質

$a:b=c:d$

$\Leftrightarrow\ ad=bc$

(外項の積＝内項の積)

和が200人を超えていることから

$(5n-13+x)+(4n-10+x)>200$

$9n-23+2x>200$

$9n+2x>223$ ……③

Step❸ 整数条件に注意して解く

①に②を代入して，

$9(5+x)<200$

$45+9x<200$

$9x<155$

$x<17.22\cdots\cdots$ ……①′

③に②を代入して

$9(5+x)+2x>223$

$45+9x+2x>223$

$11x>178$

$x>16.18\cdots\cdots$ ……③′

①′，③′より，$16.18\cdots\cdots < x < 17.22\cdots\cdots$

これを満たす整数xは，$x=17$のみである。

よって，今年入居した人数は$2x=2\times 17=34$〔人〕である。よって，**2**が正答である。

確認しよう ➡文字式の変形を正確に行うこと　**正答 2**

6 A高校の男子生徒と女子生徒の人数を文字でおき，等式を立式する。

Step❶ 文字設定を行う

A高校の男子生徒数を$2x$，女子生徒数をxとおくと，A高校の生徒数は$3x$であるから，B高校の生徒数は$2x$となる。

また，B高校の男子生徒数は，A高校の男子生徒数より136人少ないことから，

$2x-136$〔人〕となる。

B高校の女子生徒数は，A高校の女子生徒数より20人多いことから，

$x+20$〔人〕となる。

Step❷ 等式を立式し解く

よって，B高校の男子生徒数＋B高校の女子生徒数＝B高校の生徒数より，

$2x-136+x+20=2x$

$3x-116=2x$

$\therefore \quad x=116$

したがって，B高校の男子生徒数は，$2x-136=2\times116-136=96$〔人〕となり，**5**が正答である。

確認しよう ➡等式の立て方　　**正答 5**

7 未知数を文字でおき，条件通りに立式する。

Step❶ 列車A，B，Cの到着時の乗客数をA，B，Cとおき，条件通りに立式する

到着時の乗客数の合計が2360人であるから，

$A+B+C=2360$ ……①

到着時に同じ人数が降り，乗客数が列車Aは10％，列車Bは16％，列車Cは12％減少したことから，

$0.1A=0.16B=0.12C$ ……②

Step❷ 方程式を解く

②より，

$B=\frac{5}{8}A$ ……③

$C=\frac{5}{6}A$ ……④

③，④を①に代入して，

$A+\frac{5}{8}A+\frac{5}{6}A=2360$

$\frac{59}{24}A=2360$

$\therefore\quad A=960$〔人〕

よって，列車Aから降りた乗客の数は，$960\times0.1=96$〔人〕となる。また，各列車から降りた人数は等しいので，到着時に降りた乗客数の合計は，

$96\times3=288$〔人〕

よって，出発時の乗客数の合計は，$2360-288=2072$〔人〕

したがって，**4**が正答である。

確認しよう ➡連立方程式の立て方

正答 4

テーマ 7　2次関数・2次方程式

重要度

重要問題

連続する6つの自然数があり，それぞれの2乗の和が1651である。6つの自然数の和はどれか。

【地方初級・平成23年度】

1　87
2　93
3　99
4　105
5　111

解説

連続する自然数とは，1ずつ大きくなる自然数の組のことである。

6つの自然数うち，中央に近い数をxとすると扱いやすい。

Step❶ 連続する6つの自然数を表す

連続する6つの自然数を，

$$x-2,\ x-1,\ x,\ x+1,\ x+2,\ x+3$$

とする。

Step❷ 2乗の和を求め，条件から6つの自然数とそれらの和を求める

2乗の和は

$$(x-2)^2+(x-1)^2+x^2+(x+1)^2+(x+2)^2+(x+3)^2$$
$$=(x^2-4x+4)+(x^2-2x+1)+x^2+(x^2+2x+1)$$
$$+(x^2+4x+4)+(x^2+6x+9)$$
$$=6x^2+6x+19$$

この値が1651であるという条件から

$$6x^2+6x+19=1651$$
$$6x^2+6x-1632=0$$

両辺を6で割って　$x^2+x-272=0$

$$(x+17)(x-16)=0$$

$x=16$〔$x=-17$は求める数が自然数にならないので不可〕

このとき，6つの自然数は，14，15，16，17，18，19であり，その和は99である。

よって，**3**が正答である。

確認しよう ➡連続する自然数の問題は，中央に近い値をxとおく　**正答 3**

FOCUS

2次方程式の応用と2次関数については，基本的な2次方程式の解法と，2次関数のグラフの性質(グラフの向きと頂点)を知っているだけで十分である。

高校の数学Ⅰの範囲である。ひととおり要点を押さえておきたい。

要点のまとめ

重要ポイント 1　2次関数 $y = ax^2 + bx + c$ の最大・最小

（ⅰ）　$a>0$ ならば下に凸，$a<0$ ならば上に凸の放物線

$a>0$ のとき　　　$a<0$ のとき

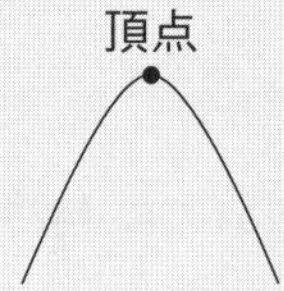

頂点の座標 $\left(-\dfrac{b}{2a},\ -\dfrac{b^2-4ac}{4a}\right)$

（ⅱ）　最大・最小

$a>0$ ならば $x=-\dfrac{b}{2a}$ のとき $y=-\dfrac{b^2-4ac}{4a}$ で最小

$a<0$ ならば $x=-\dfrac{b}{2a}$ のとき $y=-\dfrac{b^2-4ac}{4a}$ で最大

■変形の手順

$y=a(x-p)^2+q$（平方完成）の形に変形する。

$$y = ax^2+bx+c = a\left(x^2+\frac{b}{a}x\right)+c$$

$$= a\left\{\left(x+\frac{b}{2a}\right)^2-\frac{b^2}{4a^2}\right\}+c$$

$$= a\left(x+\frac{b}{2a}\right)^2-\frac{b^2}{4a}+c$$

$$= a\left(x+\frac{b}{2a}\right)^2-\frac{b^2-4ac}{4a}$$

よって，頂点の座標は $\left(-\dfrac{b}{2a},\ -\dfrac{b^2-4ac}{4a}\right)$

重要ポイント❷ 2次方程式 $ax^2+bx+c=0$ の解法

■因数分解

左辺が因数分解できて $a(x-\alpha)(x-\beta)=0$ となったとき，解は

$$x=\alpha,\ \beta$$

〔例〕 $x^2+(x+2)^2=34$

$x^2+x^2+4x+4=34$

$2x^2+4x-30=0$ より

$x^2+2x-15=0$ ─┐ 左辺を因数分解

$(x+5)(x-3)=0$ ←┘

$x=-5,\ 3$

以下のような代表的な因数分解の公式は覚えておこう。

$$x^2+(a+b)x+ab=(x+a)(x+b)$$
$$x^2+2ax+a^2=(x+a)^2$$
$$x^2-2ax+a^2=(x-a)^2$$
$$x^2-a^2=(x+a)(x-a)$$
$$acx^2+(ad+bc)x+bd=(ax+b)(cx+d)$$

■解の公式

$ax^2+bx+c=0$ の解は

$$x=\frac{-b\pm\sqrt{b^2-4ac}}{2a}$$ である。

重要ポイント❸ 2次不等式の解法

$\alpha<\beta$ のとき

$(x-\alpha)(x-\beta)>0 \Leftrightarrow x<\alpha,\ \beta<x$

$(x-\alpha)(x-\beta)<0 \Leftrightarrow \alpha<x<\beta$

実戦問題

1 同じ長さの針金2本をそれぞれ曲げて長方形と正方形を作り，面積を比べたところ，3：4になったという。この場合，長方形の縦横の2辺の比はいくらになるか。ただし，長方形は縦のほうが横よりも長いものとする。

【警察官・平成11年度】

1 2：1　**2** 3：1
3 5：2　**4** 7：2
5 8：3

2 長さ320cmのひもを用いて，1辺$x$cmの正方形と，長辺が短辺より20cm長い長方形を作ったとき，正方形と長方形の面積の和の最小値を求めよ。

【警視庁・平成15年度】

1 2800cm^2　**2** 2900cm^2
3 3000cm^2　**4** 3100cm^2
5 3200cm^2

3 ある会社の主力商品の販売単価が1980円であるとき，年間の販売個数が500000個であった。この商品の販売単価を5円値上げするごとに年間の販売個数が1000個ずつ減るとき，年間の売上金額が最大となる販売単価として，正しいのはどれか。

【東京都・平成16年度】

1 2200円　**2** 2240円
3 2280円　**4** 2320円
5 2360円

4 $x^2-2x-11<0$を満たす整数は何個あるか。

【東京消防庁・平成16年度】

1 4個　**2** 5個
3 7個　**4** 9個
5 10個

5 正方形ABCDの頂点A上に点Pと点Qがある。点Pは辺AD上をAからDまで行ってまたAへと折り返す。点Qは辺ABと辺BCをAからCまで進む。2つの点の動く速さが等しいとき，△APQの面積Sの変化を表すグラフとして正しいものはどれか。

【地方中級・平成6年】

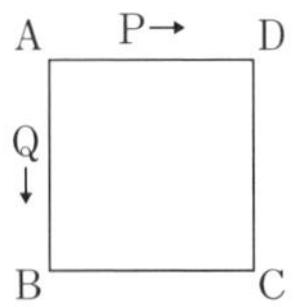

1
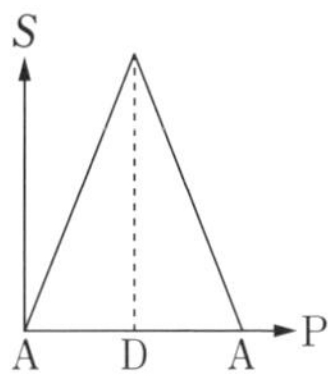

2
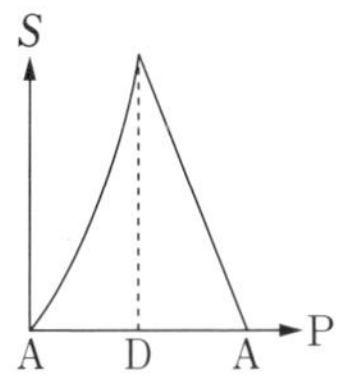

3
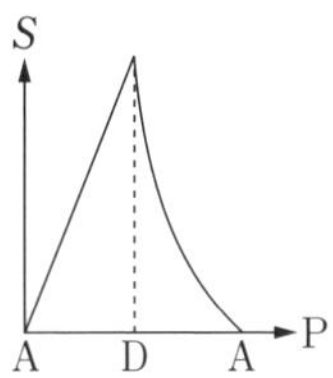

4
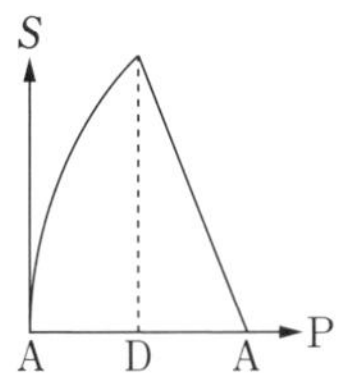

5
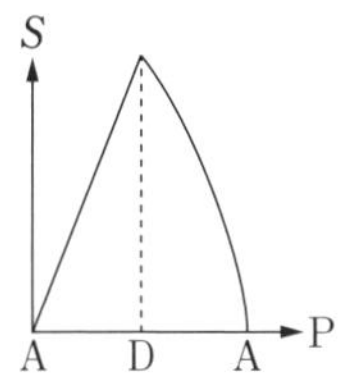

6 あるパーティーがあり，出席者どうしで名刺の交換が行われた。出席者全員が自分以外のすべての者に名刺を配ったところ，配られた名刺の枚数は全部で600枚であった。このパーティーの出席者数として正しいものは次のうちどれか。

【警察官・平成13年度】

1 23人 **2** 24人
3 25人 **4** 26人
5 27人

実戦問題●解説

1 針金の長さをl，長方形の縦の長さをxとおいて，条件を式で表す。

Step❶ 長方形の面積を求める

1本の針金の長さをlとする。

長さlの針金で長方形を作るとき，縦の長さをxとすると，横の長さは，

$\dfrac{l-2x}{2}=\dfrac{l}{2}-x$であり，長方形の面積は

$$x\left(\frac{l}{2}-x\right)=\frac{lx}{2}-x^2$$

となる。

Step❷ 正方形の面積を求める

また，正方形を作ると1辺の長さは$\dfrac{l}{4}$であるから，正方形の面積は

$$\left(\frac{l}{4}\right)^2=\frac{l^2}{16}$$

である。

Step❸ 面積比の条件から縦横の辺の比を求める

これらの面積の比が3：4であるという条件から

$$\left(\frac{lx}{2}-x^2\right):\frac{l^2}{16}=3:4$$

$$\frac{3l^2}{16}=4\left(\frac{lx}{2}-x^2\right)$$

両辺に16を掛けて

$$3l^2=32lx-64x^2$$

$$64x^2-32lx+3l^2=0$$

右の公式を本問に当てはめると，

8	╲╱ $-3l$	→	$-24l$
8	╱╲ $-l$	→	$-8l$
64	$3l^2$		$-32l$

となるので

$$(8x-3l)(8x-l)=0$$

と因数分解できるので，

因数分解の公式（たすきがけ）

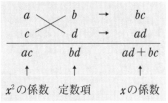

a	╲╱ b	→	bc
c	╱╲ d	→	ad
ac	bd		$ad+bc$
↑	↑		↑
x^2の係数	定数項		xの係数

$$x=\frac{3l}{8},\ x=\frac{l}{8}$$

縦が横より長いという条件から，縦が$\frac{3l}{8}$，横が$\frac{l}{8}$となる。

よって，長方形の縦横の辺の比は$\frac{3l}{8}:\frac{l}{8}=3:1$となり，**2**が正答である。

確認しよう ➡2次方程式の解法（因数分解でも解の公式でもよい） **正答 2**

2 正方形の周の長さは$4x$cm，長方形の短辺を$y$cmとすると長辺は$y+20$〔cm〕で，長方形の周の長さは

$$2y+2(y+20)=4y+40\ \text{〔cm〕}$$

これらの和がひもの長さ320cmに等しい。

Step❶ x，yの関係式を作る

ひもの長さが320cmであることから

$$4x+4y+40=320$$
$$4x+4y=280$$
$$x+y=70$$
$$y=70-x \quad \cdots\cdots①$$

Step❷ 正方形と長方形の面積の和Sをxで表す

$$S=x^2+y(y+20)=x^2+y^2+20y$$

①を代入して

$$S=x^2+(70-x)^2+20(70-x)$$
$$=x^2+(x^2-140x+4900)+1400-20x$$
$$=2x^2-160x+6300$$

Step❸ xの2次関数であるから，平方完成して最小値を求める

$$S=2x^2-160x+6300$$
$$=2(x^2-80x)+6300$$
$$=2\{(x-40)^2-1600\}+6300$$
$$=2(x-40)^2+3100$$

よって，$x=40$のとき$S=3100$で最小になり，**4**が正答である。

確認しよう ➡2次関数の平方完成 **正答 4**

3 販売単価が1980円のとき，年間販売個数500000個。販売単価を$5x$円値上げすると，年間販売個数は$1000x$個減ることから

販売単価が$1980+5x$〔円〕のとき

年間販売個数は$500000-1000x$〔個〕

である。

Step❶ 販売単価を$5x$円値上げしたときの，年間売上金額を求める

$(1980+5x)(500000-1000x)$

$=5(396+x)\times1000(500-x)$

$=5000(-x^2+104x+198000)$〔円〕 ……①

Step❷ xの2次関数であるから，最大値を求めるために次のような変形（平方完成）をする

この式の値が最大になるのは①のカッコの中の式$-x^2+104x+198000$が最大のときである。

$-x^2+104x+198000$

$=-(x^2-104x)+198000$

$=-\{(x-52)^2-52^2\}+198000$

$=-(x-52)^2+2704+198000$

$=-(x-52)^2+200704$ ……②

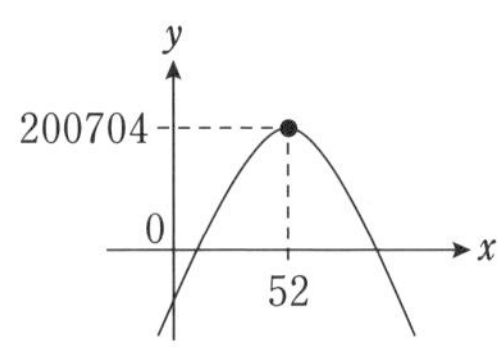

よって，②は$x=52$のとき，最大値200704をとる。

年間売上金額は，5000×200704〔円〕で最大になる。

Step❸ $x=52$のときの販売単価を求める

$1980+5\times52=1980+260=2240$〔円〕

となり，**2**が正答である。

確認しよう ➡2次関数の最大・最小の調べ方

正答 2

4 解の公式を使って2次不等式を解く。

Step❶ 解の公式を使って2次不等式を解く

$x^2-2x-11=0$

解の公式より

$$x=\frac{2\pm\sqrt{(-2)^2-4\times(-11)}}{2}$$

$$=\frac{2\pm4\sqrt{3}}{2}$$

$$=1\pm2\sqrt{3}$$

よって，

$x^2-2x-11<0$ を解くと，

$\{x-(1+2\sqrt{3})\}\{x-(1-2\sqrt{3})\}<0$

$\therefore\ \ 1-2\sqrt{3}<x<1+2\sqrt{3}$

$\sqrt{3}\fallingdotseq1.7$ より，

$1-2\times1.7<x<1+2\times1.7$

$-2.4<x<4.4$ ……①

Step❷ ①を満たす整数を求める

$x=-2,\ -1,\ 0,\ 1,\ 2,\ 3,\ 4$ の7個である。

よって，**3**が正答である。

確認しよう ➡2次不等式の解き方（P.79重要ポイント②解の公式，重要ポイント③を参照）

正答 3

5 正方形の1辺の長さをaとし，Pが動いた距離をxとして，△APQの面積Sをxの式で表す。

Step❶ PがDに達するまでの面積を求める

正方形ABCDは与えられているから，正方形の1辺の長さをaとすると，aは定数である。

Pの動いた距離をxとすると，PがAを出発してDに達するまでは

$$\mathrm{AP}=x \quad (0<x\leqq a)$$

Qも同じ速さでAB上を動くから

$$\mathrm{AQ}=x$$

このとき，△APQの面積Sは

$$S=\frac{1}{2}\mathrm{AP}\times\mathrm{AQ}=\frac{1}{2}x^2$$

Step❷ PがDから折り返した後の面積を求める

PがDで折り返した後は，Pが動いた距離xは

$$x=\mathrm{AD}+\mathrm{PD}=a+\mathrm{PD}=a+(a-\mathrm{AP})=2a-\mathrm{AP}$$

であるから

$$\mathrm{AP}=2a-x \quad (a<x\leqq 2a)$$

また，QはBC上にあり，△APQの高さはAB$=a$で一定である。このとき，△APQの面積Sは

$$S=\frac{1}{2}\mathrm{AP}\times\mathrm{AB}=\frac{1}{2}(2a-x)\cdot a=a^2-\frac{a}{2}x$$

Step❸ 各選択肢のグラフを検討する

PがAからDに進むとき　$S=\frac{1}{2}x^2 \quad (0<x\leqq a)$

これは，原点を頂点とする下に凸の放物線。

また，PがDで折り返してAに着くまでは

$$S=-\frac{a}{2}x+a^2 \quad (a<x<2a)$$

これは，傾き$-\frac{a}{2}$，y切片がa^2の直線である。この状態を表しているのは**2**のグラフである。

確認しよう ➡ SはPの動いた距離の関数であることに着目して立式　**正答 2**

6 1人が$n-1$枚の名刺を配ったから，n人では$n(n-1)$枚の名刺が配られた。

Step❶ nの方程式を立てる

パーティーの出席者数をn人とすると，配られた名刺は$n(n-1)$枚であり，この値が600枚ということから

$n(n-1)=600$

Step❷ nを求める

$n-1$，nは連続する整数であるから，$24\times25=600$を確かめて$n=25$が求められる。

〔$n(n-1)=600$から$n^2-n-600=0$と変形して左辺を因数分解して$(n-25)(n+24)=0$としてもよい。〕

よって，出席者数は25人であり，**3**が正答である。

確認しよう ➡2次方程式の解き方

正答 3

1次方程式の整数解・剰余算

重要度

重要問題

12で割ると10余り，15で割ると13余り，16で割ると14余る整数のうち，500に最も近い整数として，最も妥当なのはどれか。

【東京消防庁・平成29年度】

1　472
2　474
3　476
4　478
5　480

解説

12で割ると10余る数，15で割ると13余る数，16で割ると14余る数のいずれも不足が2である。
（P.91重要ポイント②参照）

Step❶　3つの条件を数式化する

12で割ると10余る数は，12で割り切れる数より2小さい（不足が2である）ので，

「12の倍数－2」　……①

とおける。

15で割ると13余る数は，13で割り切れる数より2小さい（不足が2である）ので，

「15の倍数－2」　……②

とおける。

16で割ると14余る数は，16で割り切れる数より2小さい（不足が2である）ので，

「16の倍数－2」　……③

とおける。

Step❷　3つの条件を満たす自然数を表す

よって，12，15，16の最小公倍数が240であることから，①，②，③のすべてを満たす自然数は，

「240の倍数－2」

と表せる。

500に近い整数であることから，240×2－2＝478となる。

よって，**4**が正答である。

確認しよう ➡剰余算における不足が一致するパターンの扱い

正答 4

FOCUS

整数問題は，式をよく見つめながら，整数の性質を活用することが大切である。着目しなくてはいけないのは，約数，倍数の関係と未知数のとる値の範囲である。

文字が多く必要となることもあるが，条件を確認しながら丁寧に解いていけばよい。

要点のまとめ

重要ポイント1 x，yが整数の1次方程式の解法

約数・倍数の関係と未知数のとる値の範囲には注意が必要である。

■方法1　係数の絶対値が小さいほうの文字について解く。

〔例〕　$7x-3y+30=0$（x，yは整数で，$x>0$，$y>0$，$x+y<30$）を満たすx，yを求める。

係数の絶対値が小さいほうの文字yについて解く

$$3y=7x+30$$

$$y=\frac{7x}{3}+10$$

yは整数であるから，xは3の倍数でなくてはならない。また，$x+y<30$であるから

$$x+\frac{7x}{3}+10<30$$

$$3x+7x+30<90$$

$$10x<60 \qquad \therefore \quad x<6$$

よって，xのとる値は$x=3$だけであり，このとき$y=7+10=17$である。

答　$x=3$，$y=17$

■方法2　$mA=nB$　（文字はすべて整数，mとnは公約数を持たない）

このとき

$A=\dfrac{nB}{m}$から，Bはmの倍数

$B=\dfrac{mA}{n}$から，Aはnの倍数

〔例〕　$7x=4y+2$（x，yは正の整数，$20<x+y<30$）となるx，yを求める。

左辺は7の倍数であるから，この形を保ちながら右辺を4の倍数にすることを考える。そのために，両辺に7の倍数7，14，……を加えて，右辺が4の倍数になるように，加える数を探す。

この問題では，両辺に14を加えると

$$7x+14=4y+16$$

$$7(x+2)=4(y+4) \quad \cdots\cdots①$$

したがって，$x+2$は4の倍数でなくてはならないから

$x+2=4p$　（pは整数）

とおく。このとき

$x=4p-2$

①に代入して　$7(4p)=4(y+4)$

$7p=y+4$　$\therefore$　$y=7p-4$

$20<x+y<30$の条件により

$20<(4p-2)+(7p-4)<30$

各辺に6を足して　$26<11p<36$

これを満たすpは$p=3$であり，このとき

$x=4\times3-2=10$，$y=7\times3-4=17$

$\therefore$　$x=10$，$y=17$　……(答)

重要ポイント❷ 剰余算の解法

剰余算は3つのパターンに分けられる。

■余りが一致するパターン　⇒「割る数の公倍数＋余り」

〔例〕 3で割っても5で割っても1余る数，

⇒3と5の倍数＋1

⇒15の倍数＋1

■不足が一致するパターン　⇒「割る数の公倍数－不足」

〔例〕 3で割ると1余り，4で割ると2余る数，

⇒それぞれ2を足すと割り切れる

⇒3と4の公倍数－2

⇒12の公倍数－2

■どちらも不一致のパターン　⇒「割る数の公倍数＋共通の最小の数」

〔例〕 4で割ると1余り，5で割ると3余る数，

⇒ 4で割ると1余る数……1，5，9，⑬，17　……
（間隔：4　4　4　4）

⇒ 5で割ると3余る数……3，8，⑬，18，……
（間隔：5　5　5）

⇒4と5の公倍数＋13

⇒20の公倍数＋13

実戦問題

1 127個のみかんがある。これをあるクラスの生徒に同じ数ずつできるだけ多く配ると4個余る。また，男子だけに同じ数ずつできるだけ多く配ると12個余る。このクラスの女子の人数は次のうちどれか。

【地方初級・平成11年度】

1 17人
2 18人
3 19人
4 20人
5 21人

2 56で割っても44で割っても余りが12となる3ケタの自然数がある。この自然数を19で割ったときの余りはどれか。

【地方初級・平成24年度】

1 0
2 1
3 2
4 3
5 4

3 3ケタの自然数のうち，11で割ると10余り，9で割ると1余るような数をすべて加え合わせるといくつになるか。

【警察官・平成15年度】

1 4545
2 5454
3 5656
4 6565
5 6767

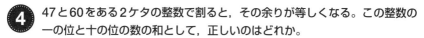

4 47と60をある2ケタの整数で割ると，その余りが等しくなる。この整数の一の位と十の位の数の和として，正しいのはどれか。

【地方初級・平成24年度】

1 4
2 5
3 6
4 7
5 8

5 Aは，ある製品を1日に100個作成することができ，Bは同製品を1日に40個作成することができる。まず，Aが何日間かこの製品を作成し，その後，Bが作成したところ，2人が作成した製品の合計数は，ちょうど1,000個となった。また，作成した日数はBよりAのほうが多かった。このとき，AとBが作成した日数の差として，正しいのはどれか。

【警察官・令和元年度】

1 1日
2 2日
3 3日
4 4日
5 5日

実戦問題●解説

1 男子x人，女子y人として式を立てる。選択肢の中から適するものを選ぶのであるから，$y=17$～21で求める。

Step❶　条件を式で表してみる

男子x人，女子y人とすると，全員では$x+y$〔人〕。全員に同じ数ずつ配って4個余るから$x+y>4$で$127-4=123$〔個〕が配られた個数。

1人当たりの個数は$\dfrac{123}{x+y}$より，$x+y$は123の約数。$x+y>4$を考え

$123=3\times41$より$x+y=41$または123である。

また，男子x人に同じ数ずつ配って12個余ることから$x>12$であって，$127-12=115$〔個〕が配られた個数である。このとき，1人当たりの個数は$\dfrac{115}{x}$であるから，xは115の約数でなくてはならない。

$115=5\times23$，$x>12$より$x=23$または115

Step❷　2つの条件を満たす値を選択肢の中から探す

まとめて$\begin{cases} x+y=41\text{または}123 \\ x=23\text{または}115 \end{cases}$

$\begin{cases} x+y=41 \\ x=23 \end{cases}$ から $\begin{cases} x=23 \\ y=18 \end{cases}$ （選択肢に含まれている）

$\begin{cases} x+y=41 \\ x=115 \end{cases}$ となる正の数yは存在しない。

$\begin{cases} x+y=123 \\ x=23 \end{cases}$ から $\begin{cases} x=23 \\ y=100 \end{cases}$ （選択肢に含まれていない）

$\begin{cases} x+y=123 \\ x=115 \end{cases}$ から $\begin{cases} x=115 \\ y=8 \end{cases}$ （選択肢に含まれていない）

よって，女子の人数は$y=18$〔人〕であり，**2**が正答である。

確認しよう ➡約数・倍数の関係が見える式変形　　**正答 2**

2 条件文を文字を用いて数式化する。

Step❶　条件に基づき立式する

求める3ケタの自然数をxとおくと，56で割っても44で割っても余りが12となることから，

$x \div 56 =$ ●…12　……①

$x \div 44 =$ ○…12　……②

とおける。

Step❷　式を変形する

① ⇔ $x = 56 \times$ ● $+ 12$　(56の倍数＋12)　……③

② ⇔ $x = 44 \times$ ○ $+ 12$　(44の倍数＋12)　……④

③，④より，xは「56と44の公倍数＋12」である。

Step❸　56と44の最小公倍数を求める

56と44の最小公倍数は，

$56 = 2^3 \times 7$

$44 = 2^2 \times 11$

より，56と44の最小公倍数は

$2^3 \times 7 \times 11 = 616$

であるから，求める自然数は，

「616の倍数＋12」　……⑤

と表すことができる。

⑤を満たす3ケタの整数xは，$616 + 12 = 628$のみとなる。

Step❹　628を19で割る

$628 \div 19 = 33 \cdots 1$

よって，**2**が正答である。

確認しよう ➡条件の数式化の方法　　**正答 2**

3　余りも不足も一致しないパターン。書き出して最小の共通の数を見つける。

Step❶　条件を満たす数を書き出す

11で割ると10余る数を書き出すと，

10，21，32，……

9で割ると1余る数を書き出すと，

10，19，28，……

よって，11で割ると10余り，9で割ると1余る最小の数は，10である。

Step❷　条件を満たす共通の数を文字を用いて表す

また，11と9の最小公倍数ごとに次の共通の数が出てくるので，

$10+99x$（xは整数）……①

とおける。

Step❸　3ケタの自然数であることを不等式を用いて表し，不等式を解く

3ケタの自然数であることから，

$100 \leqq 10+99x \leqq 999$

各辺から10を引いて，

$90 \leqq 99x \leqq 989$

各辺を99で割ると，

$0.90\cdots\cdots \leqq x \leqq 9.98\cdots\cdots$

これを満たす整数xは，

$x=1,\ 2,\ \cdots\cdots,\ 9$の9個

3ケタの最小の数は，$x=1$のときであり，①より$10+99\times1=109$となる。

3ケタの最大の数は，$x=9$のときであり，①より$10+99\times9=901$となる。

Step❹　等差数列の和の公式を用いて和を求める

等差数列の和の公式より，

$$\frac{(109+901)\times9}{2}=4545$$

よって，**1**が正答である。

☞確認しよう ➡余りも不足も一致しない剰余算の問題の解法　　**正答 1**

4　条件文を文字を用いて数式化する。

Step❶　条件に基づき立式する

47と60をある2ケタの整数xで割ったときの余りをyとすると，

$47\div x=$●$\cdots y$　……①

$60\div x=$○$\cdots y$　……②

とおける。

Step❷　式を変形してyを消去する

① ⇔ $47-y=x\times$●　……③

② ⇔ $60-y=x\times$○　……④

④－③より，

$13 = x \times (○ - ●)$

この式を満たす2ケタの整数xは，$x = 13$のみとなる。

よって，一の位と十の位の数の和は$1 + 3 = 4$となるので，**1**が正答である。

確認しよう ➡条件の数式化の方法

正答 1

5 $x =$……の形を作り，xとyが整数であることを利用して絞り込みを行う。

Step❶ 条件に基づき立式する

A，Bそれぞれが作成した日数をx，yとおく。

$100x + 40y = 1000$

両辺を20で割って，

$5x + 2y = 50$

xについて解くと，

$x = 10 - \dfrac{2}{5}y$

Step❷ xとyが整数であることを利用して，xとyの絞り込みを行う

x，yが整数であることから，

yは5の倍数でなければならないので，

$y = 5$，10，15，20　となる（yが25以上のときは，xが0以下となるので不適）。

これに対応するxは$x = 8$，6，4，2　となる。

よって，(x, y)の組合せの候補は以下のとおりである。

$(x, y) = (8, 5)$，$(6, 10)$，$(4, 15)$，$(2, 20)$

Step❸ 条件に当てはまるxとyの組合せを考える

条件より，作成した日数はBよりAのほうが多いので，条件を満たす(x, y)の組合せは$(x, y) = (8, 5)$のみである。

よって，AとBが作成した日数の差は，$8 - 5 = 3$であるから，**3**が正答である。

確認しよう ➡不定方程式の解法

正答 3

テーマ 9

集合の要素の個数

重要度

重要問題

ある学校で，夏休みに山に行った人は全体の4分の1，海に行った人は全体の3分の2，両方行かなかった人は全体の5分の1で，山と海と両方行った人は21人であった。

山に行った人の値として最も妥当なのはどれか。

【東京消防庁・平成23年度】

1 32人
2 45人
3 60人
4 81人
5 120人

解説

それぞれの人数をxを用いて表し，集合を図示する。

Step❶ 集合を図示し，各区画ごとの人数を文字を使って表す

ある学校の生徒数をx人とする。

山に行った人は全体の$\dfrac{1}{4}$なので，

$$a+c=\frac{1}{4}x \quad \cdots\cdots①$$

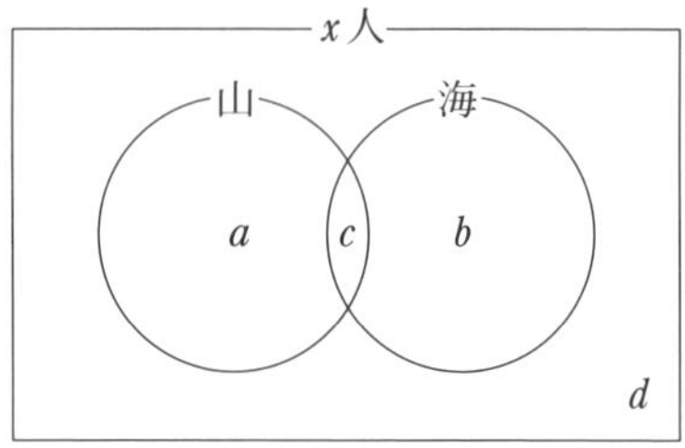

海に行った人は全体の$\dfrac{2}{3}$なので，

$$b+c=\frac{2}{3}x \quad \cdots\cdots②$$

両方行かなかった人は全体の$\dfrac{1}{5}$なので，

$$d=\frac{1}{5}x \quad \cdots\cdots③$$

両方行った人は21人なので,

$c=21$ ……④

Step❷ 全体の人数を式を使って表す

全体の人数は，次のように表される。

$x=a+b+c+d$ ……⑤

ここで，①に④を代入して，

$$a+21=\frac{1}{4}x \qquad \therefore \quad a=\frac{1}{4}x-21 \quad \cdots\cdots ①'$$

また，②に④を代入して，

$$b+21=\frac{2}{3}x \qquad \therefore \quad b=\frac{2}{3}x-21 \quad \cdots\cdots ②'$$

①′，②′，③，④を⑤に代入して，

$$x=\left(\frac{1}{4}x-21\right)+\left(\frac{2}{3}x-21\right)+21+\frac{1}{5}x$$

$$\frac{7}{60}x=21 \qquad \therefore \quad x=180$$

Step❸ 山に行った人の数を求める

山に行った人は，①より

$$\frac{1}{4}x=\frac{1}{4}\times180=45〔人〕$$

よって，**2**が正答である。

☞確認しよう ➡集合の図示のしかた

正答 2

FOCUS

集合の要素の個数を求める問題は，図をかく，表を作るなどの補助手段を使って，どの領域を表しているのかをしっかりと見極めることが大切である。

集合の理論として難しい問題が出されることはないから，図や表をもとにして考えると，どのような計算をすればよいかの見通しを立てることができる。

要点のまとめ

重要ポイント 1 集合の要素の個数を求めるやり方

正確に図や表に表すことがポイント。あとは丁寧に未知数を決めていけばよい。

■手順

1．集合をベン図またはキャロル表で表す。

2．各区画の中で，わかっている値があれば記入する。

3．区画の中の個数が確定できないときは，各区画ごとに1つの文字を使って表す。

　このとき，未知数である文字の個数が多くなっても不安がらなくてよい。得られるのは，ほとんどの係数が1の1次方程式，1次不等式であるから解くのは簡単だからである。

共通部分
〔AにもBにも属する要素の集合〕

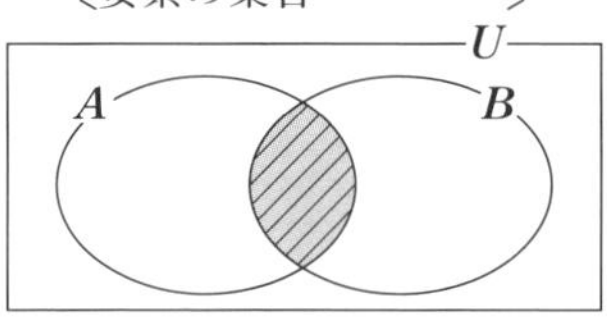

合併部分
〔AまたはBにも属する要素の集合〕

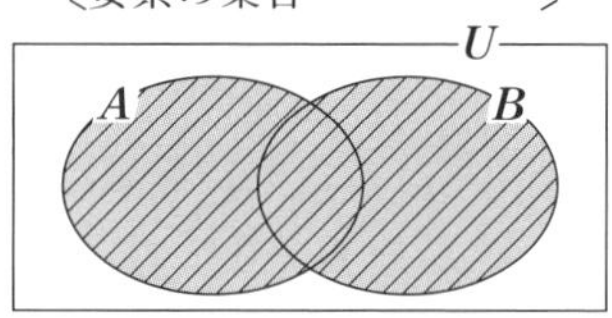

■ベン図

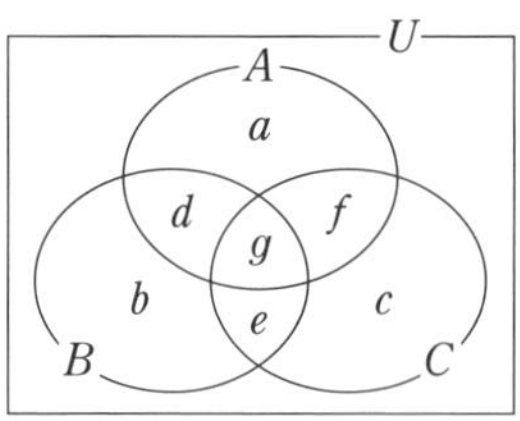

■キャロル表

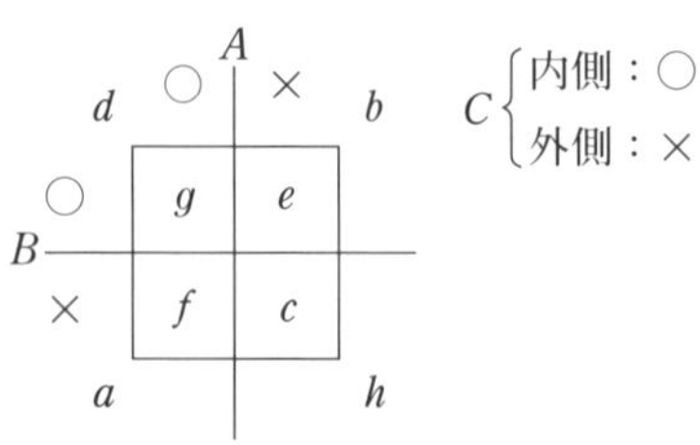

実戦問題

1 1から200までの整数のうちで，4で割り切れ，3で割り切れない整数は何個あるか。

【警察官・平成18年度】

1 28個
2 30個
3 32個
4 34個
5 36個

2 中学校の運動会に参加した40人の生徒のうち，短距離走に出場した生徒が25人，障害物競走に出場した生徒が17人，リレーに出場した生徒が10人で，短距離走と障害物競走に出場した生徒が7人，障害物競走とリレーに出場した生徒が5人，短距離走とリレーに出場した生徒が6人であった。また，競技に参加せずに見学していた生徒が2人いたとき，3種目すべてに出場した生徒は何人か。

【特別区・平成15年度】

1 1人
2 2人
3 3人
4 4人
5 5人

3 50人に，野球，バレーボール，テニスの中で好きなものを聞いたところ，野球を好きな人は30人，バレーボールを好きな人は20人，テニスを好きな人は15人，このうち，2種目好きな人が10人，3種目好きな人が5人いた。3種目とも好きでない人は何人か。

【地方初級・平成3年度】

1 5人
2 6人
3 7人
4 8人
5 9人

4 あるフルマラソン大会を完走した男女1000人について調査したところ，次のア～エのことがわかった。このとき，外国人の女性で完走タイム5時間未満の者と日本人の男性で完走タイム5時間未満の者の総数として，最も妥当なのはどれか。

ア 男性は600人であり，女性は400人であった。

イ 日本人の人数は560人で，そのうち320人は女性であった。

ウ 完走タイム5時間未満の人は500人で，そのうち180人は外国人であった。

エ 完走タイム5時間以上の人のうち，160人は女性であり，100人は日本人の男性であった。

【警視庁・平成28年度】

1 160人　**2** 180人
3 200人　**4** 220人
5 240人

5 xは$30 \leqq x \leqq 90$を満たす整数である。$\dfrac{x}{6}$と表したとき約分できないxの個数は次のいずれか。

【地方中級・平成10年度】

1 18個　**2** 19個
3 20個　**4** 21個
5 22個

6 100個のボールに1～100の自然数を書き込み，A～Cの3人が，順に次の条件を満たすボールを取っていくとき，残ったボールは何個か。

A 3の倍数を書いたボール

B 4の倍数を書いたボール

C 5の倍数を書いたボール

【地方初級・平成7年度】

1 25個　**2** 32個
3 35個　**4** 38個
5 40個

実戦問題●解説

1 集合を図示して，要素の個数を文字で表して式を立てる。

Step❶ 各区画ごとの個数を文字で仮定する

4で割り切れる数の集合をA

3で割り切れる数の集合をB

とする。

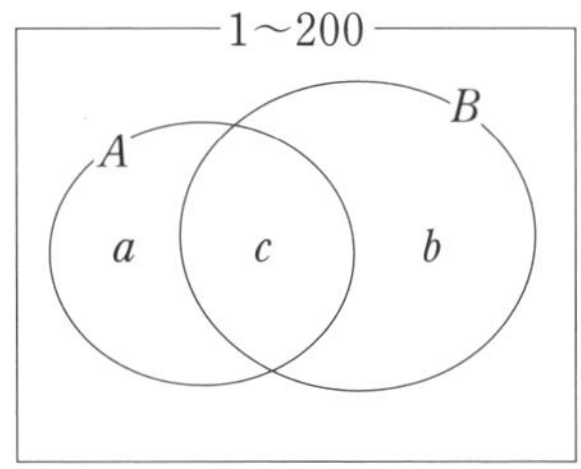

1から200までの整数のうち4で割り切れる整数は

$200 \div 4 = 50$から50個

$a + c = 50$

1から200までの整数のうち3でも4でも割り切れる数，すなわち12で割り切れる数は

$200 \div 12 = 16 \cdots 8$から16個

$c = 16$

Step❷ 条件と図を比較しながら式を立てる

4で割り切れ，3で割り切れない整数は図においてaであるから

$$\begin{cases} a + c = 50 \\ c = 16 \end{cases} \quad \text{から} \quad a = 34$$

よって，**4**が正答である。

確認しよう ➡集合を図示して考えること　　**正答 4**

2 集合を図示し，各区画ごとの人数を文字で表して条件を等式で表す。

Step❶ 条件を等式で表す

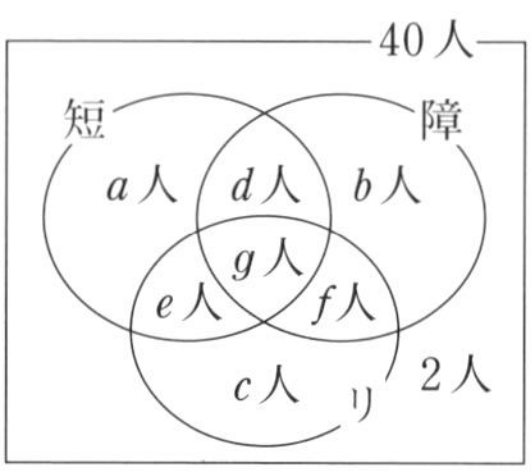

短距離走に出場した生徒が25人であるから

$a+d+e+g=25$ ……①

障害物競走に出場した生徒が17人であるから

$b+d+f+g=17$ ……②

リレーに出場した生徒が10人であるから

$c+e+f+g=10$ ……③

短距離走と障害物競走に出場した生徒が7人であるから

$d+g=7$ ……④

障害物競走とリレーに出場した生徒が5人であるから

$f+g=5$ ……⑤

短距離走とリレーに出場した生徒が6人であるから

$e+g=6$ ……⑥

見学していた生徒が2人であるから

$a+b+c+d+e+f+g=38$ ……⑦

Step❷ 求めるのはgの値であることを考えて変形する

①＋②＋③から

$(a+b+c)+2(d+e+f)+3g=52$ ……㋐

④＋⑤＋⑥から

$(d+e+f)+3g=18$

$d+e+f=18-3g$ ……㋑

㋑を㋐に代入して

$(a+b+c)+2(18-3g)+3g=52$

$a+b+c=3g+16$ ……㋒

⑦に㋑，㋒を代入して

$(3g+16)+(18-3g)+g=38$

$g=38-34=4$〔人〕

となり，**4**が正答である。

確認しよう ➡集合を図で表す　　　**正答 4**

3 野球，バレーボール，テニスを好きな人の集合を図示して，各区画ごとの人数を文字を使って表す。

Step❶ 右下の図のように，集合を表す図をかく

3種目とも好きな人が5人ということから，この区画に5人と記入する。

Step❷ 各区画の人数を a 人～ f 人として式を立てる

求める値は3種目とも好きでない人の人数であるから

$$50-(a+b+c+d+e+f+5)$$

を計算すればよい。

野球を好きな人30人　：　$a+d+e+5=30$

バレーボールを好きな人20人　：　$b+d+f+5=20$

テニスを好きな人15人　：　$c+e+f+5=15$

これらを整理して

$$\begin{cases} a+d+e=25 & \cdots\cdots① \\ b+d+f=15 & \cdots\cdots② \\ c+e+f=10 & \cdots\cdots③ \end{cases}$$

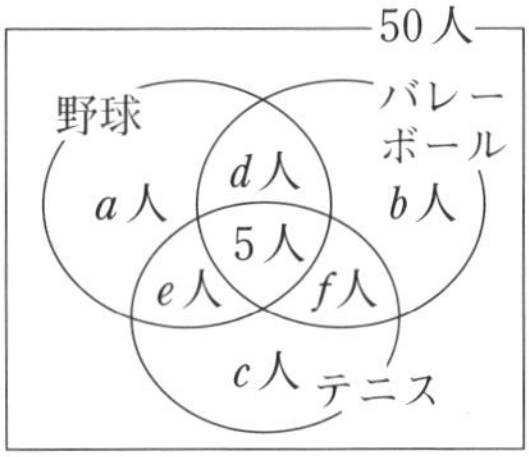

また，2種目好きな人が10人いたことから

$$d+e+f=10 \quad \cdots\cdots④$$

①＋②＋③から

$$(a+b+c)+2(d+e+f)=50 \quad \cdots\cdots⑤$$

⑤に④を代入して

$$(a+b+c)+2\times 10=50$$

$$\therefore \quad a+b+c=30 \quad \cdots\cdots⑥$$

④＋⑥から

$$a+b+c+d+e+f=40$$

Step❸ 3種目とも好きでない人の人数を求める

3種目とも好きでない人の人数は，

$$50-(a+b+c+d+e+f+5)=50-(40+5)=5〔人〕$$

となり，**1**が正答である。

確認しよう ➡図のかき方。文字は区画ごとに入れる　　**正答 1**

④ キャロル表を利用する。

Step❶　キャロル表の作成

表Ⅰ

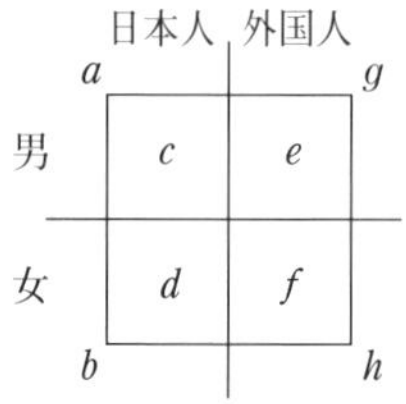

{内側：5時間未満
{外側：5時間以上

表Ⅱ

	国籍	性別	5時間未満・以上
a	日本人	男	5時間以上
b	日本人	女	5時間以上
c	日本人	男	5時間未満
d	日本人	女	5時間未満
e	外国人	男	5時間未満
f	外国人	女	5時間未満
g	外国人	男	5時間以上
h	外国人	女	5時間以上

Step❷　条件どおりに表に数値を記入する

表Ⅲ

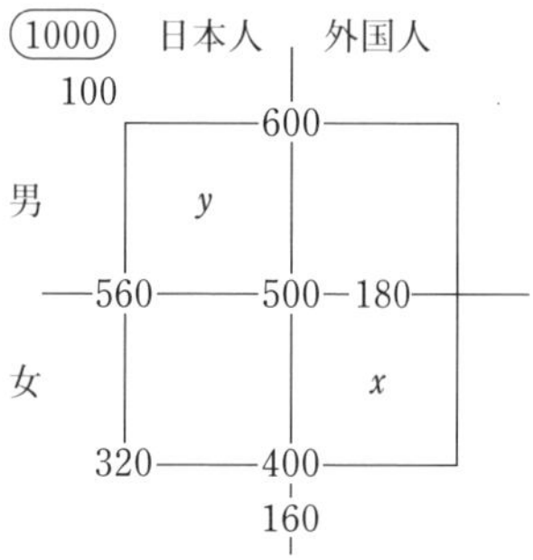

表Ⅲの四角形の{内側：5時間未満
{外側：5時間以上

外国人の女性で完走タイム5時間未満の者をx，日本人の男性で完走タイム5時間未満の者をyとする。

全体の人数は1000人であるから，表の左上に1000と記入する。

条件アより，男性は600人であるから，a，c，e，gにまたがるように，600と記入する。

同様にして，女性は400人であるから，b，d，f，hにまたがるように，400と記入する。

条件イより，日本人は560人であるから，a，b，c，dにまたがるように，560と記入する。日本人の女性は320であるから，b，dにまたがるように，320と記入する。

条件ウより，完走タイム5時間未満の人は500人であるから，c，d，e，fにまたがるように，500と記入する。完走タイム5時間未満の外国人は180人であるから，e，fにまたがるように，180と記入する。

条件エより，完走タイム5時間以上の女性は160人であるから，b，hにまたがるように，160と記入する。完走タイム5時間以上の日本人の男性は100人であるから，aに100と記入する。

外国人の女性で完走タイム5時間未満の人数（f）をxとおく。日本人の男性で完走タイム5時間未満の人数（c）をyとおく。

Step❸ 表の残りの箇所を埋めていく

表Ⅳ

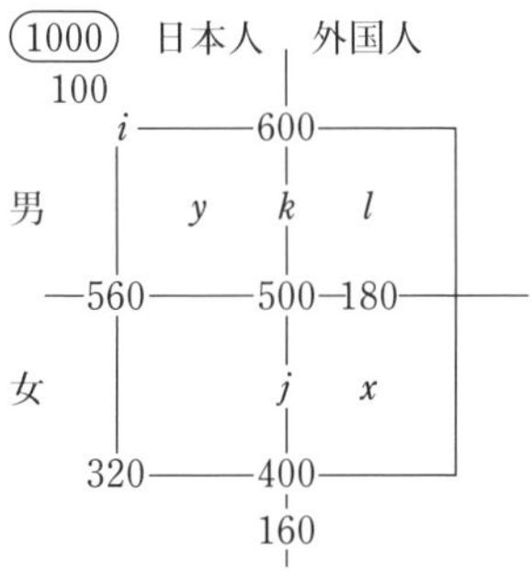

表Ⅴ

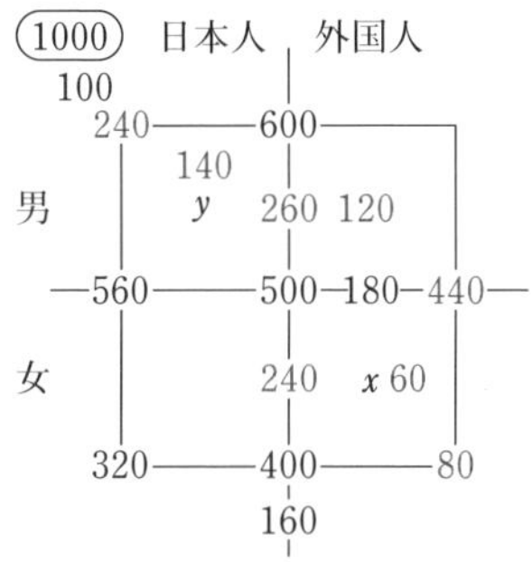

{内側：5時間未満
外側：5時間以上

{内側：5時間未満
外側：5時間以上

表Ⅳのiは，日本人の男性の人数を表している。日本人の人数は560人で，日本人の女性は320人であるから，日本人の男性の人数iは$560-320=240$人となる。つまり，$i+320=560$である。

表Ⅳのyは，日本人の男性で完走タイム5時間未満の人数を表している。日本人の男性は240人で，日本人の男性で完走タイム5時間以上の人数が100人であることから，日本人の男性で完走タイム5時間未満の人数yは$240-100=140$〔人〕となる。つまり，$100+y=i$である。

表Ⅳのjは，完走タイム5時間未満の女性の人数を表している。女性の人数は400人で，完走タイム5時間以上の女性が160人であることから，完走タイム5時間未満の女性jは$400-160=240$〔人〕である。つまり，$j+160=400$である。

表Ⅳのkは，完走タイム5時間未満の男性の人数を表している。完走タイム5時間未満の人数は500人で，完走タイム5時間未満の女性の人数jは240であることから，完走タイム5時間未満の男性kは$500-240=260$〔人〕である。つまり，$k+j=500$である。

同様にして，表Ⅳのlは，$y+l=260$より，$l=120$

表Ⅳのxは，$x+l=180$より，$x=60$

よって，$x+y=60+140=200$〔人〕であり，**3**が正答である。

確認しよう ➡キャロル表の扱い方　　**正答 3**

5 xは6と公約数を持たない数であるから，2でも3でも割り切れない数。

Step❶　2または3で割り切れる数を求める

$30 \leqq x \leqq 90$を満たす整数は$90-30+1=61$〔個〕ある。

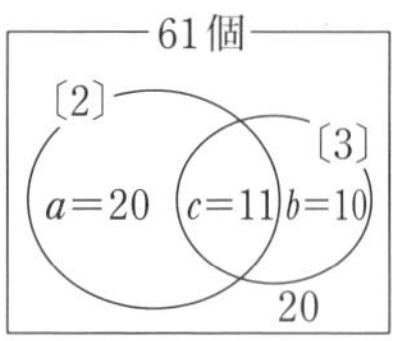

2の倍数は1～90に$90 \div 2=45$より45個，1～29に$29 \div 2=14 \cdots 1$より14個あるから

30～90には$45-14=31$〔個〕ある。

3の倍数は1～90に$90 \div 3=30$より30個，1～29に$29 \div 3=9 \cdots 2$より9個あるから

30～90には$30-9=21$〔個〕ある。

また，上で求めた2の倍数と3の倍数の中には，6の倍数が共通に含まれている。

6の倍数は1～90に$90 \div 6=15$より15個，1～29に$29 \div 6=4 \cdots 5$より4個あるから

30～90には$15-4=11$〔個〕ある。

Step❷　図に表して，全体から割り切れる数を引いて答を求める

図のa，b，cは

$$\begin{cases} a+c=31 \\ b+c=21 \\ c=11 \end{cases} \text{である。} \quad \therefore \begin{cases} a=20 \\ b=10 \\ c=11 \end{cases}$$

よって，2でも3でも割り切れないxの個数は

$61-(20+11+10)=20$〔個〕

であり，**3**が正答である。

確認しよう ➡「$\frac{x}{6}$が既約分数である」⇄「xは6と公約数を持たない」　　**正答 3**

6 1～100の100個のボールの中から，3の倍数と，4の倍数と，5の倍数のボールを除けばよい。

3の倍数のボールの個数は，次のどちらの方法で求めてもよい。

（i）3×1，3×2，……，3×33の33個

（ii）100÷3＝33…1の整数部分33個

Step❶ 集合を図に表してみる

図において〔3〕，〔4〕，〔5〕はそれぞれ3，4，5の倍数の集合を表す。

3の倍数は100÷3＝33…1より，33個

4の倍数は100÷4＝25より，25個

5の倍数は100÷5＝20より，20個

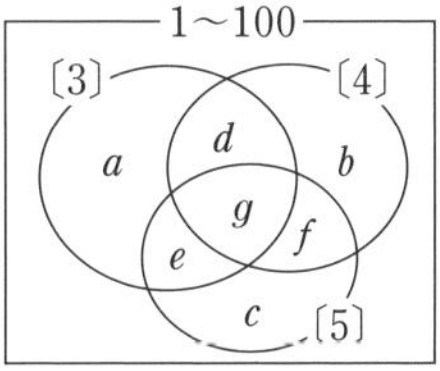

したがって，
$$\begin{cases} a+d+e+g=33 & \cdots\cdots① \\ b+d+f+g=25 & \cdots\cdots② \\ c+e+f+g=20 & \cdots\cdots③ \end{cases}$$

Step❷ 公倍数に注目して，図に数字を書き込む

3と4の公倍数，すなわち12の倍数は100÷12＝8…4より8個

3と5の公倍数，すなわち15の倍数は100÷15＝6…10より6個

4と5の公倍数，すなわち20の倍数は100÷20＝5より5個

したがって，
$$\begin{cases} d+g=8 & \cdots\cdots④ \\ e+g=6 & \cdots\cdots⑤ \\ f+g=5 & \cdots\cdots⑥ \end{cases}$$

また，3と4と5の公倍数，すなわち60の倍数は1個であるから

$g=1$ ……⑦

Step❸ 式を立てて正答を求める

④＋⑤＋⑥から　$(d+e+f)+3g=19$

$g=1$であるから　$d+e+f=16$ ……⑧

①＋②＋③から　$(a+b+c)+2(d+e+f)+3g=78$

⑦，⑧を代入して　$(a+b+c)+2\times16+3\times1=78$

$a+b+c=43$ ……⑨

⑦＋⑧＋⑨から　$a+b+c+d+e+f+g=60$

よって，残ったボールは100－60＝40〔個〕となり，**5**が正答である。

確認しよう ➡「A～Cの3人が順に取り出す」は，結局3，4，5のどの倍数も取り出すことを意味する

正答 5

テーマ10 濃度・割合・比

重要度

重要問題

8%の食塩水Aが100g，12%食塩水Bが150g，濃度のわからない食塩水Cが350g，水が200gある。すべてを混ぜ合わせると，5%の食塩水となった。このときの食塩水Cの濃度として，最も妥当なのはどれか。

【東京消防庁・平成29年度】

1 2%
2 3%
3 4%
4 5%
5 6%

解説

食塩の量に注目する。
食塩の量＝食塩水×濃度

[redacted]

Step❶ 食塩水Cの濃度を x%として混ぜ合わせた後の食塩の量に関する式を作る

8%の食塩水A100gに含まれている食塩の量は，$100\times\frac{8}{100}=8$

12%の食塩水B150gに含まれている食塩の量は，$150\times\frac{12}{100}=18$

x%の食塩水C350gに含まれている食塩の量は，$350\times\frac{x}{100}=3.5x$

水200gには食塩は含まれていない。

これらを混ぜ合わせた後の食塩の量は，$8+18+3.5x=26+3.5x$ ……①

Step❷ 混ぜ合わせた後の5%の食塩水に含まれている食塩の量を求める

混ぜ合わせた後の食塩水の量は $100+150+350+200=800$gであるから，

その中に含まれる食塩の量は，$800\times\frac{5}{100}=40$ ……②

よって，①と②は同じものなので，等しくなることから，

$26+3.5x=40$ より

$3.5x=14$

$\therefore\quad x=4$

よって，**3**が正答である。

☞確認しよう ➡濃度の計算方法

正答 3

FOCUS

濃度に関する問題は，それぞれの定義に基づいて一つ一つ式で表していけば，1次方程式を解くことに帰着する。

比の問題は，2つの量の比が，たとえば2：3と与えられたとき，2つの量を $2x$，$3x$ とおくという手順を知っておかなくてはならない。

与えられた数値だけで操作しようとせず，適当な未知数を使って正確な式を立てることが解答への第一歩である。

どちらも頻出であるので，着実に解けるようにしておきたい。

要点のまとめ

重要ポイント1 濃度

$$(\text{物質}\mathbf{A}\text{の濃度})=\frac{(\text{物質}\mathbf{A}\text{の量})}{(\text{溶液の量})}$$

$$(\text{物質}\mathbf{A}\text{の量})=(\text{溶液の量})\times(\text{物質}\mathbf{A}\text{の濃度})$$

物質**A**の濃度を百分率(%)で表すとき

$$(\text{物質}\mathbf{A}\text{の濃度〔\%〕})=\frac{(\text{物質}\mathbf{A}\text{の量})}{(\text{溶液の量})}\times 100\,\text{〔\%〕}$$

〔例〕 100gの水に25gの食塩を溶かしたときの濃度

$$\frac{25}{100+25}=\frac{25}{125}=0.2=20\,\text{〔\%〕}$$

※25%ではないことに注意しよう！

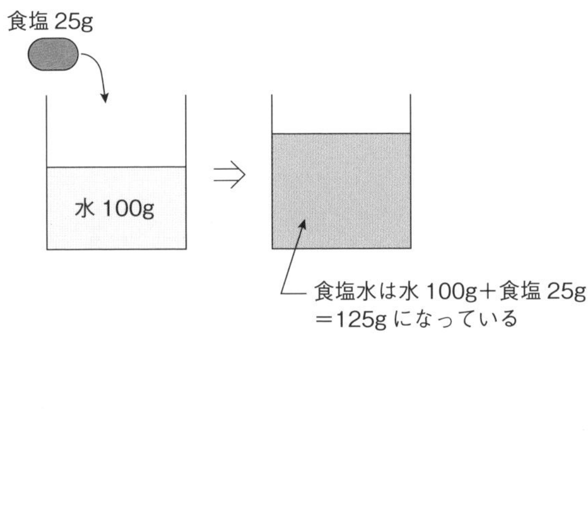
食塩 25g
水 100g
食塩水は水 100g＋食塩 25g
＝125g になっている

重要ポイント 2 比

2つの量の比が $m:n$ と与えられたとき，2つの量が m, n ではないから

　　2つの量を　mk, nk

とおく。

重要ポイント 3 連比

A：B：Cのように，3つ以上の項が並んだ比を連比という。

A：BとB：CからA：B：Cを求めるには，共通するBの最小公倍数を利用する。

〔例〕 A：B＝2：3，B：C＝4：7のとき

A：B＝2：3＝8：<u>12</u>

B：C＝4：7＝12：21　(3と4の最小公倍数は12である)

よって，A：B：C＝8：12：21

これらを下のように書くとよい

	A	：	B	：	C	
	2	：	3			
×4			4	：	7	×3
	8	：	<u>12</u>	：	21	

実戦問題

1 Aのビーカーに濃度6%の食塩水が，Bのビーカーに濃度15%の食塩水が何gか入っている。いま，A，Bから100gずつ取り出して，相互に入替えをし，よくかき混ぜた。このとき，Aの濃度は8%であった。最初にAのビーカーに入っていた食塩水は何gか。

【地方中級・平成7年度】

1 300g
2 350g
3 400g
4 450g
5 500g

2 男女合わせて70名のサークルで，一番好きな季節についてアンケート調査を行ったところ，「秋」と回答した者は48名で，そのうち$\frac{2}{3}$が女子であり，女子全体の$\frac{4}{5}$を占めていた。このとき，このサークル全体に占める男子の割合はいくらか。

【国家一般職／社会人／税務・令和元年度】

1 $\frac{1}{5}$　**2** $\frac{1}{3}$　**3** $\frac{3}{7}$

4 $\frac{2}{3}$　**5** $\frac{4}{5}$

3 ある企業はAとBの2部門から構成されており，企業全体の売上げは，2部門の売上げの合計である。A部門の商品aは，企業全体の売上げの40%を占め，A部門の売上げの60%を占めている。また，B部門の商品bは，企業全体の売上げの20%を占めている。このとき，商品bはB部門の売上げの何%を占めているか。

【国家一般職／社会人／税務・平成30年度】

1 30%
2 40%
3 50%
4 60%
5 70%

4 5%の食塩水200gを蒸発させて20%の食塩水にした。これに4%の食塩水を加えたところ9%の食塩水になった。加えた4%の食塩水の量として，正しいのはどれか。

【警察官・平成27年度】

1 110g
2 130g
3 150g
4 170g
5 190g

5 商品Aと商品Bを兄弟が別々の店で買った。兄は商品Aを定価の1割引き，商品Bを定価の2割引きで買い，弟は商品Aを定価で，商品Bを5割引きで買った。その結果，兄は弟の1.1倍の代金を支払っていたとすると，商品Aと商品Bの定価の比はいくらか。

【地方初級・平成13年度】

1 2：1
2 3：2
3 4：3
4 5：4
5 6：5

6 A，B，C 3種類の商品がある。その価格比は，A：B＝1：4，B：C＝2：1である。A，B，Cの価格の合計が560円であるとき，AとCとの価格の差として，正しいのはどれか。

【警察官・令和元年度】

1 40円
2 50円
3 60円
4 70円
5 80円

実戦問題●解説

1 Aのビーカーに残された食塩の量，Bのビーカーから入ってくる食塩の量など，一つ一つ求めて定義どおり計算を進める。

Step❶　最初にAのビーカーに入っていた濃度6%の食塩水の量をxgとする

Aの中から100g取り出したとき，Aのビーカーの中は

食塩水の量は$x-100$〔g〕，食塩の量は$\frac{6}{100}(x-100)$〔g〕

Bのビーカーに入っている15%の食塩水から，100g取り出してAのビーカーに入れると，Aのビーカーの中は

食塩水の量は100g増し，食塩の量は$\frac{15}{100}\times 100=15$〔g〕増す。

Step❷　よくかき混ぜた後の各量から濃度を求める

Aのビーカーの中は，食塩水の量はx〔g〕，食塩の量は

$\frac{6}{100}(x-100)+15=\frac{3}{50}x+9$〔g〕　となるから，濃度は

$$\frac{\frac{3}{50}x+9}{x}\times 100=\frac{6x+900}{x}〔\%〕$$

Step❸　この値が8%になることからxを求める

$$\frac{6x+900}{x}=8$$

$$6x+900=8x$$

$$2x=900 \qquad \therefore \quad x=450〔g〕$$

よって，最初にAのビーカー中にあった食塩水は450gで，**4**が正答である。

確認しよう ➡濃度の定義　　**正答 4**

2 全体に対する割合から全体を求める。

Step❶　女子全体の人数を求める

「秋」と回答した女子は，

$$48\times\frac{2}{3}=32〔名〕$$

これが女子全体の$\frac{4}{5}$を占めるので，女子全体の人数は，

$32 \div \frac{4}{5} = 40$〔名〕

Step❷ 男子の人数を求め，全体に占める男子の割合を求める

男女合わせて70名なので，男子の人数は，

$70 - 40 = 30$〔名〕

よって，男子の全体に占める割合は，

$30 \div 70 = \frac{3}{7}$

したがって，**3**が正答である。

確認しよう ➡部分がわかっているときの全体の求め方　**正答 3**

3 具体的な金額が与えられていないので，売上げを適当な数字でおく。

Step❶ 全体の売上げを100とおき，A部門の売上げを求める

全体の売上げを100とおくと，商品aの売上げは全体の40%であるから，

$100 \times 0.4 = 40$　となる。

これがA部門の売上げの60%を占めることから，A部門の売上げは，

$40 \div 0.6 = \frac{200}{3}$

Step❷ B部門の売上げを求める

B部門の売上げは，全体の売上げからA部門の売上げを引けばよいので，

$100 - \frac{200}{3} = \frac{100}{3}$

商品bは全体の売上げの20%を占めていることから，

$100 \times 0.2 = 20$　となる。

したがって，商品bのB部門の売上げに占める割合は，

$20 \div \frac{100}{3} = 0.6 = 60\%$

よって，**4**が正答である。

確認しよう ➡部分がわかっているときの全体の求め方　**正答 4**

4 食塩の量に注目する。濃度〔%〕$=\dfrac{\text{食塩}}{\text{食塩水}}\times 100$

Step❶ 水を蒸発させた後の食塩水の量を求める

5%の食塩水200gに含まれている食塩の量は，$200\times\dfrac{5}{100}=10$

水を蒸発させた後の食塩水の量をxとすると，

$$\frac{10}{x}\times 100=20$$

両辺をx倍して，

$1000=20x$

$x=50$

Step❷ 加えた4%の食塩水の量を求める

加えた4%の食塩水の量をyとすると，

$$\frac{10+\frac{4}{100}y}{50+y}\times 100=9$$

両辺を$(50+y)$倍して，

$$\left(10+\frac{4}{100}y\right)\times 100=9(50+y)$$

$1000+4y=450+9y$

$5y=550$

$y=110$

よって，**1**が正答である。

確認しよう ➡濃度の計算方法

正答 1

5 aの1割は$0.1a$など，割合を式で表していく。

Step❶ 商品A，Bの定価をそれぞれa円，b円として，兄と弟の支払った代金をa，bで表す

兄は商品Aを定価の1割引き，商品Bを定価の2割引きで買ったから，兄の支払った代金は

$(a-0.1a)+(b-0.2b)=0.9a+0.8b$〔円〕

弟は商品Aを定価で，商品Bを定価の5割引きで買ったから，弟の支払った代金は

$a+(b-0.5b)=a+0.5b$〔円〕

Step❷ 兄と弟の支払った金額を比較する

兄は弟の1.1倍の代金を支払ったことから

$0.9a+0.8b=1.1(a+0.5b)$

両辺に100を掛けて

$90a+80b=11(10a+5b)$

$90a+80b=110a+55b$

$25b=20a$

$5b=4a$

よって，$a:b=5:4$となり，**4**が正答である。

確認しよう ➡ aのp割は$a\times0.1p$ または，$a\times\frac{p}{10}$ など

正答 4

6 連比を用いてA：B：Cを求める

Step❶ 連比を求める。

$$\begin{array}{l} A:B=1:4 \\ B:C=2:1 \\ \hline A:B:C=1:4:2 \end{array}$$

Step❷ 方程式を立て，AとCの価格の差を求める。

Aをx，Bを$4x$，Cを$2x$とおく。

$x+4x+2x=560$

$7x=560$

$x=80$

よって，AとCの価格の差は，$2x-x=x=80$〔円〕

したがって，**5**が正答である。

確認しよう ➡ 連比の考え方

正答 5

テーマ11 速さ

重要度

重要問題

公園を1周するサイクリングコースがある。Aさんは時速20kmで，Bさんは時速12kmで1周したら，Bさんのほうが10分間だけ多く時間がかかった。このコースの1周の距離として，最も妥当なのはどれか。

【東京消防庁・平成30年度】

1 4km
2 5km
3 6km
4 7km
5 8km

解説

AとBのかかった時間の関係に注目する

Step❶ 1周の距離を$x$kmとおいて，AとBのかかった時間の関係に注目して立式する

1周の距離をx〔km〕とおくと，時間＝距離÷速さより，

$$\frac{x}{20}+\frac{10}{60}=\frac{x}{12}$$

$$3x+10=5x$$

$$x=5$$

よって，**2**が正答である。

【別解】

比を用いて解くこともできる。

AとBの速さの比は，20：12＝5：3である。

距離が同じであれば，速さと時間は逆比になるので，時間の比は3：5である。

ここで，Aが1周するのにかかる時間を$3t$とすると，Bのかかる時間は$5t$であるから，かかる時間の差は$5t-3t=2t$であり，これが10分に等しいから，

$$2t=10$$

$$\therefore \quad t=5$$

よって，Aの1周にかかる時間は$5\times3=15$〔分〕

ゆえに，1周の距離は，$20\times\dfrac{15}{60}=5$〔km〕

確認しよう ➡時間＝距離÷速さ

正答　2

FOCUS

速さに関する問題は列車の走行に関する「通過算」，船が川を走行することに関する「流水算」，「出会い算」や「追いかけ算」を代表とした「旅人算」など，いろいろな形で出題されている。

解法の手段として，図表（ダイヤグラム）を用いる方法も知っておくとよい。

また，解く際には式における「単位」が合っているか確認を忘れずに行う。

出題頻度の高い分野であるからしっかり学習しておきたい。

要点のまとめ

重要ポイント1 速さの定義

$$（速さ）=\frac{（距離）}{（時間）}$$

（距離）=（速さ）×（時間），（時間）$=\frac{（距離）}{（速さ）}$として使うことも多い。

重要ポイント2 旅人算

■出会い算

A，**B** 2人の距離をl，速さをそれぞれa，b，出会うまでの時間をtとすると

$$l=(a+b)\times t$$

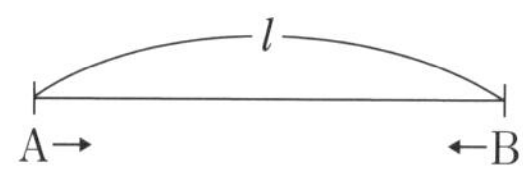

■追いかけ算

A，**B** 2人の距離をl，速さをそれぞれa，b $(a>b)$，**A**が**B**に追いつくまでの時間をtとすると

$$l=(a-b)\times t$$

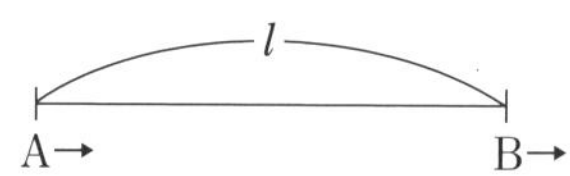

重要ポイント3 通過算

長さa，速さvの列車が，長さlのトンネルに入り始めてから出終わるまでの時間をtとすると

$$a+l=vt$$

である。

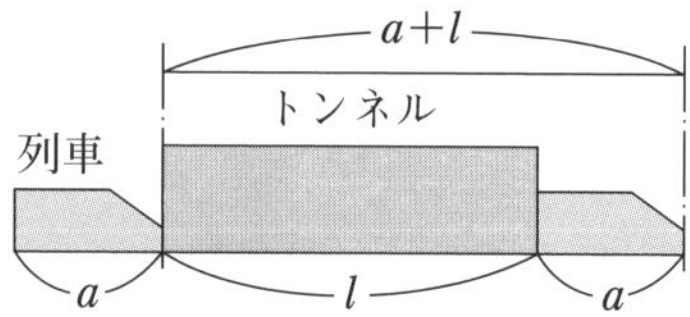

（速さv，時間t）

a，l，v，tのいずれかを未知数として求めさせる問題が通過算である。

重要ポイント 4 流水算

流速が a の川において，静水時での速さが v の船の

上りの速さは　$v-a$

下りの速さは　$v+a$

静水時での速さは　（上りの速さ＋下りの速さ）÷2

である。

重要ポイント 5 ダイヤグラム

時間の経過を横軸に，定点Oからの距離を縦軸にとって，移動の状況を図表で示したものである。

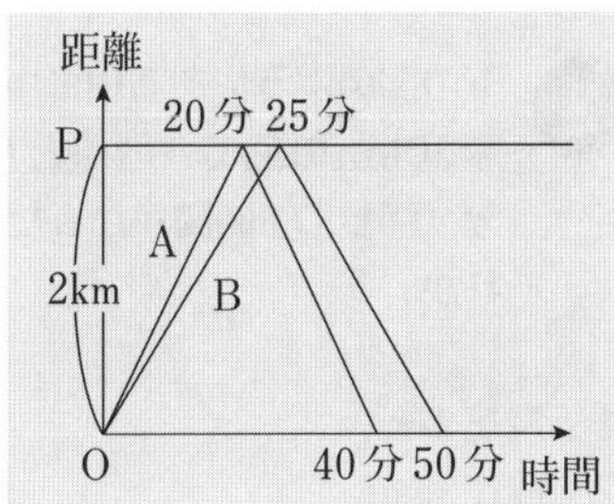

右図の例は，A，BがOを同時に出発して，2km離れた地点Pまで往復するのに，Aは20分かかってPに着き，すぐ折返して，その20分後にOに帰り着いたことを表し，Bは25分かかってPに着き，すぐ折返して，その25分後にOに帰り着いたことを表している。

速さに関する基本公式を念頭において，それぞれの設問に応じた工夫ができるようにしておきたい。

重要ポイント 6 速さの関係

（i）距離が同じならば速さと時間は逆比になる。

〔例〕 距離が10kmのとき

速さが時速5kmならば時間は2時間

速さが時速2kmならば時間は5時間かかる

（ii）時間が同じならば速さと距離は比例する。

〔例〕 時間を10分とすると

速さが分速5mならば進む距離は50m

速さが分速20mならば進む距離は200m

実戦問題

1 家から2,400m離れた学校へ行くのに，最初は分速60mで歩いていたが，そのままでは間に合わないことに気づいたので，途中から分速90mで歩いたところ，家から学校まで30分かかった。分速90mで歩いた距離として，正しいのはどれか。

【警察官・平成30年度】

1 1,080m
2 1,260m
3 1,440m
4 1,620m
5 1,800m

2 下の図のようにある川の中に，A地点とB地点がある。静水面での速さが時速20kmの船でA地点とB地点を最短距離で往復したところ，行きに40分，帰りに1時間かかった。この川の流れの速さとして，最も妥当なのはどれか。

【東京消防庁・令和２年度】

1 時速2km
2 時速3km
3 時速4km
4 時速5km
5 時速6km

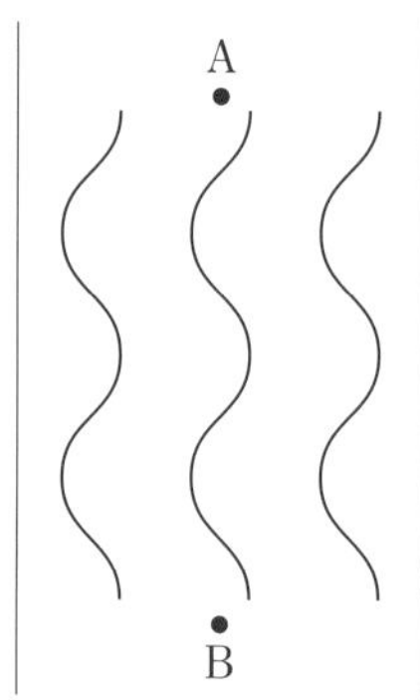

3　A，Bの2人は，X地点とY地点を直線で結ぶ8kmのコースをウォーキングし，この2地点間を往復している。Aは，X地点から出発し，時速5kmで歩く。Bは，Y地点から出発し，時速3kmで歩く。2人が同時に出発したとき，2人が初めてすれ違ってから，2回目にすれ違うまでにかかる時間はいくらか。
ただし，2人ともそれぞれ一定の速さで歩くものとする。

【国家一般職／社会人／税務・令和2年度】

1　60分
2　90分
3　120分
4　150分
5　180分

4　長さ200mの列車Aと，長さ不明の列車Bが同時に同じトンネルに入った。両列車とも先端部がトンネルの入口にさしかかってから最後尾がトンネルに入り終わるまでに10秒かかった。また，その後40秒で，列車Aの先端部はトンネルの出口に達し，列車Bの最後尾はトンネルからちょうど抜け出るところであった。列車Bの長さとして正しいものは，次のうちどれか。

【地方中級・平成10年度】

1　210m
2　220m
3　230m
4　240m
5　250m

5 A～Dの4人が同じ道を甲町から乙町に向かって出発した。Aは午前9時に出発し，20分後にCが出発したが，10分後にAに追いついた。BはCよりも10分前に出発したが，Cが出発して30分後に追いつかれた。DはBの4分後に出発し，12分でBに追いついた。DがAに追いついたのは何時何分か。

【東京消防庁・平成19年度】

1 9時18分
2 9時21分
3 9時24分
4 9時27分
5 9時30分

6 ある一定の速さで流れる川において，上流から下流に向かって進む船Aと下流から上流に向かって進む船Bの2隻がすれちがった。Aの長さは10m，Bの長さは20mで，静水時において，Aの速さはBの速さの2倍，Bの速さは川の流れの速さの2倍である。AとBがすれちがい始めてからすれちがい終わるまでに，Bが進んだ距離として最も妥当なのはどれか。

【社会人・平成24年度】

1 3m
2 5m
3 7m
4 10m
5 12m

実戦問題●解説

1　距離＝速さ×時間

Step❶　分速90mで歩いた時間をx分とおいて立式する

分速90mで歩いた時間をx分とおくと，分速60mで歩いた時間は$30-x$〔分〕であるから，

$60(30-x)+90x=2400$

$30x=600$

$\therefore\ x=20$〔分〕

よって，分速90mで歩いた距離は，

$90\times 20=1800$〔m〕

よって，**5**が正答である。

【別解】

つるかめ算で解く。

ずっと分速60mで歩いたとすると，30分で$60\times 30=1800$〔m〕進む。

実際は2400m進んだので，進む距離をあと600m伸ばさなければならない。

分速60mから分速90mになると1分で進める距離が30m長くなるので，600m伸ばすためには，分速90mで歩く時間を$600\div 30=20$〔分〕にすればよい。

よって，分速90mで歩いた距離は，

$90\times 20=1800$〔m〕

確認しよう　➡距離＝速さ×時間

正答　5

2 比を利用する。距離が同じならば，速さと時間は逆比になる。

Step❶ 行き，帰り，静水時，川の流れの速さを文字で表していく

行きと帰りのかかる時間の比が40：60＝2：3であるので，距離が同じであれば速さと時間は逆比になることから，行きと帰りの速さの比は3：2である。

行きの速さを$3v$，帰りの速さを$2v$とおく。

静水時での速さは，「(行きの速さ＋帰りの速さ)÷2」であるから，

$(3v+2v) \div 2 = 2.5v$

また，「帰りの速さ＝静水時での速さ－川の流れの速さ」より，

川の流れの速さは，$2.5v - 2v = 0.5v$

Step❷ 静水時での速さと川の流れの速さの比を利用して川の流れの速さを求める

静水時での速さと川の流れの速さの比は，

$2.5v : 0.5v = 5 : 1$　となる。

静水時での速さが時速20kmであることから，

川の流れの速さは，20÷5＝4〔km/時〕になる。

よって，**3**が正答である。

確認しよう ➡距離が同じならば，速さと時間は逆比になる　**正答 3**

3 図を書いて視覚化する。

Step❶　図を書き，2人が初めてすれ違ってから，2回目にすれ違うまでに2人が進んだ距離の和に注目する

図示すると以下のようになる。

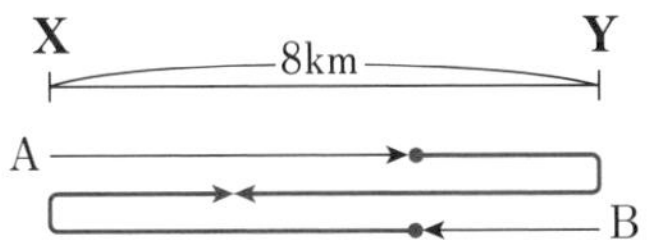

2人が初めてすれ違ってから，2回目にすれ違うまでに2人が進んだ距離の和（上図の赤線部分）は，XYの1往復分の距離に等しく，

$8 \times 2 = 16$〔km〕

Step❷　初めてすれ違ってから，2回目にすれ違うまでにBが進んだ距離を求める

Aは時速5km，Bは時速3kmで歩くことから，AとBの速さの比は，5：3である。

したがって，時間が同じであれば，AとBの進む距離の比は，5：3となる。

よって，2人が初めてすれ違ってから2回目にすれ違うまでにBが進んだ距離は，

$16 \times \frac{3}{5+3} = 6$〔km〕　であるから，

2人が初めてすれ違ってから2回目にすれ違うまでの時間は，

$6 \div 3 = 2$〔時間〕$= 120$〔分〕

よって，**3**が正答である。

確認しよう ➡時間が同じであれば速さと距離は比例する　　**正答 3**

4 列車A，Bの動きと，トンネルの位置関係を図に表してから計算に入ると間違いが少ない。

Step❶　列車Aとトンネルの関係を式で表す

トンネルの長さをlmとする。

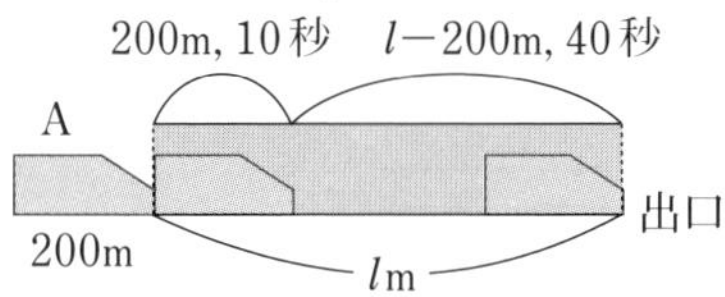

長さ200mの列車Aがトンネルの入口にさしかかってから，最後尾がトンネルに入り終わるまでの200mを10秒間で走っているから

列車Aの速さは　$\dfrac{200}{10}=20$〔m/秒〕

である。

その40秒後に列車Aの先端部がトンネルの出口にさしかかったことから，列車Aは$l-200$〔m〕を40秒で走ったことになり，列車Aの速さは20m/秒であるから，トンネルの長さlは

$l-200=20\times40=800$

$\therefore\quad l=1000$〔m〕

Step❷　列車Bの速さから長さを求める

列車Bの長さをxmとする。

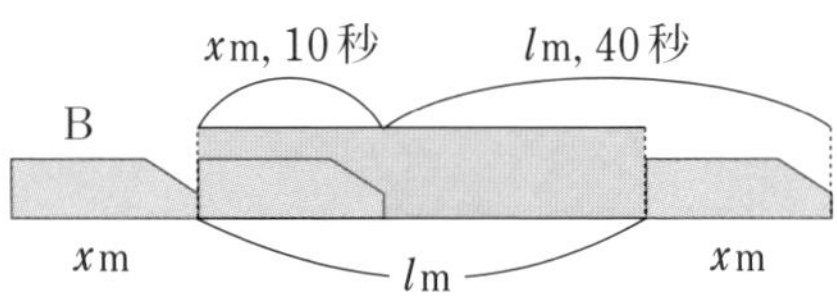

列車Bは，最後尾がトンネルに入り終わってから40秒後に最後尾がトンネルを出ることから，40秒間に$l=1000$〔m〕を走ったことになり

列車Bの速さは　$\dfrac{1000}{40}=25$〔m/秒〕

である。

前半の条件によれば，列車Bがトンネルの入口にさしかかってから最後尾がトンネルに入り終わるまでに10秒かかっていることから，列車Bの長さxは

$$x = 25 \times 10 = 250〔\mathrm{m}〕$$

よって，列車Bの長さは250mであり，**5**が正答である。

（注）　列車Bの速さは$\dfrac{x}{10}$m/秒と表されることを用いて

$$l = 1000 = \frac{x}{10} \times 40 \quad から \quad x = \frac{1000}{4} = 250〔\mathrm{m}〕$$

とすることもできる。

確認しよう ➡通過算は概念図をかく　　**正答 5**

5 図をかいて視覚化する。比を利用する。

Step❶ 図をかく。時間の情報を記入していく

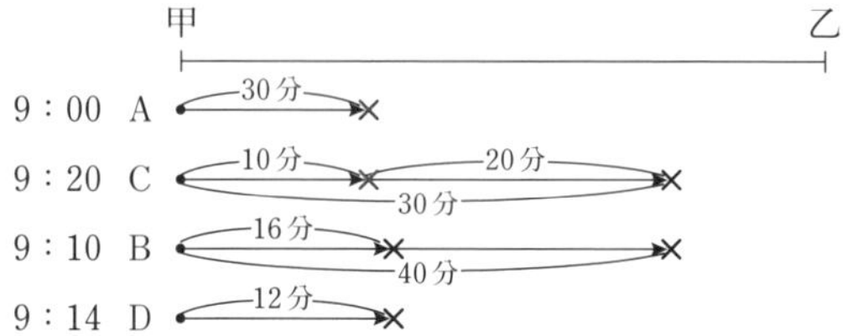

Step❷ 図をもとに時間の比を求める

CがAに追いつくまでのAとCの時間の比は，

$A:C=(10+20):10$

$=3:1$ ……①

CがBに追いつくまでのBとCの時間の比は，

$B:C=(10+30):30$

$=4:3$ ……②

DがBに追いつくまでのBとDの時間の比は，

$B:D=(4+12):12$

$=4:3$ ……③

②，③より，

CとDの時間の比は，1：1 ……④

①，④より，

AとDの時間の比は，3：1 ……⑤

Dが出発してからAに追いつくまでの時間をt〔分〕とすると，

Dが9時14分に出発しているので，

AとDの時間の比は，$(t+14):t$となるので，⑤より，

$(t+14):t=3:1$

$3t=t+14$

$t=7$

よって，DがAに追いついた時刻は9時21分となる。

ゆえに，**2**が正答である。

確認しよう ➡時間が同じであれば速さと距離は比例する　　**正答 2**

6 （距離）＝（速さ）×（時間）である。

流水算においては，下るときは川の流れの速さを加え，上るときは川の流れの速さを引く。図に表して視覚的にとらえてから問題に取りかかる。

Step❶　図をもとに，未知数を文字で表す

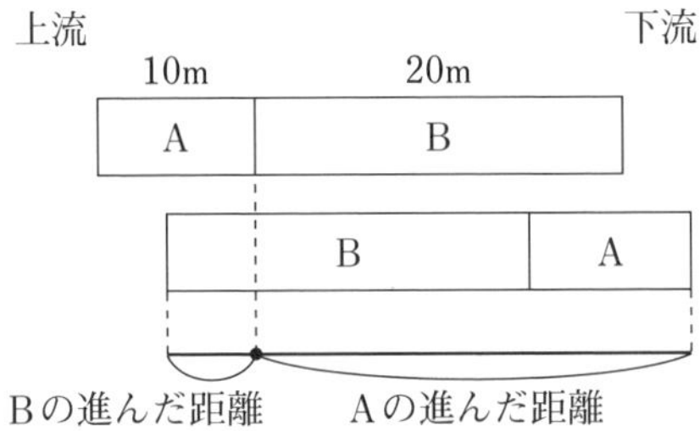

川の流れの速さをvとすると，静水でのBの速さはその2倍であるから$2v$，Aの速さはBの速さの2倍だから$4v$となる。

Aは下流に向かい，Bは上流に向かうので，それぞれの船の速さは，

$$A：4v+v=5v,\quad B：2v-v=v$$

である。

すれちがい始めてからすれちがい終わるまでの時間をtとすると，

距離＝速さ×時間より

$$10+20=(5v+v)\times t$$

$$30=6vt$$

$$\therefore\quad t=\frac{5}{v}$$

Step❷　Bの進んだ距離を求める

距離＝速さ×時間より

Bの進んだ距離は，

$$v\times\frac{5}{v}=5〔\mathrm{m}〕$$

となり，**2**が正答である。

確認しよう　➡川の流れの速さを含めた船の速さ

正答 2

テーマ 12

時計算・年齢算

重要度

重要問題

下図のように，時計の針が今ちょうど10時15分をさしているアナログ式の時計がある。この時計において，45分後の11時までの間に，長針と短針とのなす角度が135度になる時刻として，正しいのはどれか。

【東京都・平成21年度】

1　10時29分
2　10時30分
3　10時31分
4　10時32分
5　10時33分

解説

旅人算(追いかけ算)と同じように考える。時計算は，長針が短針を追いかける追いかけ算と考え，距離＝速さ×時間の式を作る。距離は進んだ距離の差であることに注意する。また，追いかけ算なので，速さは「長針の速さと短針の速さの差」になる。なお，長針は1分間に6°，短針は1分間に0.5°進む。

Step❶　10時15分における長針と短針のなす角度を求める

10時15分における長針と短針のなす角度は，短針が1分間に0.5°進むことを考えると，

$210° + 0.5° \times 15 = 217.5°$

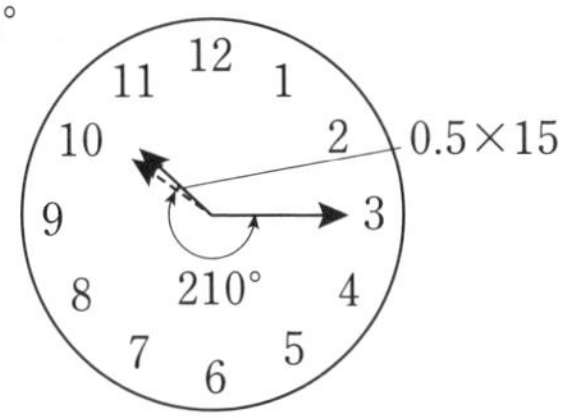

Step❷　距離（進んだ距離の差，つまり縮まった角度）を求め，距離＝速さ×時間の式を作る

長針と短針のなす角度が135°になるまでの時間をx分とおくと，

距離（縮まった角度）は，$217.5° - 135° = 82.5°$

距離＝速さ×時間より，

$82.5 = (6 - 0.5) \times x$

$5.5x = 82.5$

$x = 15$

よって，10時15分の15分後であるから，10時30分となり，**2**が正答である。

確認しよう ➡時計算の解法　　　　**正答 2**

FOCUS

時計算は，時計の長針と短針が特別な位置関係（たとえば，重なる・直角になる・逆向きに一直線をなす，など）になる時刻を求める問題である。

・長針は1分間に6°回転する

・短針は1時間に30°，1分間に0.5°回転する

これらのことに基づいて式を立てればよい。答えが整数にならない場合は帯分数に直したり，四捨五入をして求めることがあるため，計算に注意が必要である。

年齢算は，親と子，兄と弟の年齢のように，何年後でも差が一定であることを使って解く問題である。差は一定であるが，比は変わっていくことに注意したい。

要点のまとめ

重要ポイント1 時計算

旅人算（追いかけ算）と同じように考える。時計算は，長針が短針を追いかける追いかけ算と考え，「距離＝速さ×時間」の式を作ればよい。

■長針の回転角

長針は1時間(60分)に360°回転するから

1分間に$\frac{360^\circ}{60}=6^\circ$回転

■短針の回転角

短針は12時間に360°回転するから

1時間に$\frac{360^\circ}{12}=30^\circ$回転

1分間に$\frac{30^\circ}{60}=\frac{1^\circ}{2}=0.5^\circ$回転

■分→秒に注意

$\frac{26}{11}$〔分〕≒2.364〔分〕✕ 2分36秒

$\frac{26}{11}$〔分〕$=2\frac{4}{11}$〔分〕=2〔分〕$\frac{4}{11}\times60$〔秒〕≒2〔分〕22〔秒〕

重要ポイント2 年齢算

2人の年齢の差は一定（定差算）であることを押さえたら，あとはさまざまなバリエーションの設問にアタックして応用力を身につけよう。

次のような問題である。

「現在母の年齢が38歳，子の年齢が6歳である。母の年齢が子の年齢の3倍になるのは何年後か」

x年後には母は（$38+x$）歳，子は（$6+x$）歳であるから

$$38+x=3(6+x)$$

となるxを求めればよい。答は$x=10$，すなわち10年後である。

実戦問題

1 午前10時から11時の間で，時計の長針と短針が重なるのはいつか。ただし，秒未満は四捨五入するものとする。

【地方初級・平成11年度】

1　10時54分33秒
2　10時54分38秒
3　10時54分40秒
4　10時54分44秒
5　10時54分54秒

2 父親の年齢は51歳であり，子供2人の年齢の和は36歳である。過去に，父親の年齢が子供2人の年齢の和の2倍になったときがあったが，そのときの父親の年齢として，最も妥当なのはどれか。

【東京消防庁・令和元年度】

1　30歳
2　34歳
3　37歳
4　40歳
5　44歳

3 年齢の異なるA，B，Cの3人がいる。AとBの年齢の比は，今から8年前には6：5であったが，今から8年後には10：9となる。また，AとCの年齢の比は，今から8年前には2：1であった。このとき，BとCの年齢の差はいくらか。

【国家一般職／社会人／税務・平成29年度】

1　2歳
2　4歳
3　6歳
4　8歳
5　10歳

実戦問題●解説

1 旅人算（追いかけ算）と同じように考える。時計算は，長針が短針を追いかける追いかけ算と考え，距離＝速さ×時間の式を作る。距離は進んだ距離の差であることに注意する。また，追いかけ算なので，速さは「長針の速さと短針の速さの差」になる。なお，長針は1分間に6°，短針は1分間に0.5°進む。

Step❶　進んだ距離の差（縮まった角度）を求める

長針と短針が重なるまでの時間をx〔分〕とおくと，

午前10時ちょうどの長針と短針のなす角は300°であるから，長針と短針が重なるまでの距離（縮まった角度）は，300°

Step❷　距離＝速さ×時間の式を作る

距離＝速さ×時間より，

$$300=(6-0.5)\times x$$

$$5.5x=300$$

$$x=\frac{300}{5.5}=\frac{600}{11}=54\frac{6}{11}\fallingdotseq 54分33秒$$

よって，**1**が正答である。

確認しよう ➡時計算の解法　　**正答 1**

2 x年前に父親の年齢が子供2人の年齢の和の2倍だったとおく。

Step❶　x年前に父親の年齢が子供2人の年齢の和の2倍であったとし，立式する

x年前の父親の年齢は $51-x$，子供2人の年齢の和は $36-2x$ である。

x年前に父親の年齢が子供2人の年齢の和の2倍であったことから，

$$51-x=(36-2x)\times 2$$

$$51-x=72-4x$$

$$3x=21$$

$$x=7$$

よって，7年前の父親の年齢は$51-7=44$〔歳〕より，**5**が正答である。

確認しよう ➡年齢算の式の立て方　　**正答 5**

3 年齢を文字でおき，条件通りに立式する。

Step❶ 8年前のAの年齢を$6x$とおき，8年後のAとBの年齢をxを用いて表す

8年前のAの年齢を$6x$とおくと，8年前のB，Cの年齢は，それぞれ$5x$，$3x$とおくことができる。

現在のA，B，Cの年齢は，それぞれ$6x+8$，$5x+8$，$3x+8$　となる。

8年後のA，Bの年齢は，それぞれ$6x+16$，$5x+16$　となる。

Step❷ 8年後のAとBの年齢の比の式を作る

また，8年後のAとBの年齢の比が10：9であることから，

$6x+16:5x+16=10:9$

内側どうしをかけたものと外側どうしをかけたものが等しいので，

$10(5x+16)=9(6x+16)$

$50x+160=54x+144$

$4x=16$

$x=4$

Step❸ 8年前のBとCの年齢を求める

よって，8年前のBとCの年齢は，それぞれ$5\times4=20$〔歳〕，$3\times4=12$〔歳〕となるから，BとCの年齢の差は，$20-12=8$〔歳〕

ゆえに，**4**が正答である。

確認しよう ➡年齢算の式の立て方　　**正答 4**

テーマ13 仕事算・ニュートン算

重要度

重要問題

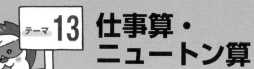

ある製品を製造することができる3台の機械A，B，Cがある。この製品を現在必要とする個数だけ製造するのに，A 1台では5時間，B 1台では6時間かかることがわかっている。最初にA，B 2台を同時に2時間稼働してこの製品を製造し，その後はCだけ4時間稼働したところ，必要な個数を製造することができた。この場合，Cだけで必要な個数を製造するのにかかる時間として，正しいのはどれか。

【地方初級・平成30年度】

1　12時間
2　13時間
3　14時間
4　15時間
5　16時間

解説

全体の仕事量を1とおいて，「(1時間当たりの仕事量)×(時間)＝1」

Step❶　全体の仕事量を1とおく。A，Bのそれぞれの1時間当たりの仕事量を求める

全体の仕事量を1とおく。

A1台で5時間かかることから，Aの1時間当たりの仕事量は$\frac{1}{5}$

B1台で6時間かかることから，Bの1時間当たりの仕事量は$\frac{1}{6}$

よって，A，B 2台を同時に稼働した場合の1時間当たりの仕事量は

$$\frac{1}{5}+\frac{1}{6}=\frac{11}{30}$$

Step❷ 条件通りに立式する

Cの1時間当たりの仕事量をcとおく。

A，B 2台を同時に2時間稼働した後にCだけで4時間稼働することで仕事が完成したので，

$$\frac{11}{30}\times 2+c\times 4=1$$

$$4c+\frac{11}{15}=1$$

$$4c=\frac{4}{15}$$

$$\therefore c=\frac{1}{15}$$

よって，Cは1時間で全体の$\frac{1}{15}$の仕事を行うので，Cだけで仕事を完了させるのには15時間かかる。

ゆえに，**4**が正答である。

確認しよう ➡仕事算の式の立て方　　**正答 4**

FOCUS

仕事算は，「ある仕事は，A1人では3時間，B1人では7時間かかる。AとBが2人一緒にしたらどれだけの時間がかかるか」という種類の問題である。

解法の基本は，全体の仕事量が明記されていないときはそれを1とし，単位時間当たりの仕事量をもとにして式を立てることである。

要点のまとめ

重要ポイント❶ 仕事算

解法のコツをしっかり身につけること。最後には1次方程式に帰着するので計算自体はそれほど難しくない。

■仕事算の基本

単位時間当たりの仕事量をもとにして式を立てる。

全体の仕事量を1とする。

〔例1〕「ある仕事を，A1人では3時間かかる」は

「Aは1時間に，全仕事量の$\frac{1}{3}$をする」

〔例2〕「水槽に水を貯めるのに，A管で15分かかる」は

「A管では，1分間に全量の$\frac{1}{15}$を貯めることができる」

〔例3〕「ある仕事を，A，B，C3人ですると4時間かかる」は

「全体の仕事を1とする。A，B，Cの1時間当たりの仕事量をそれぞれa，b，cとすると

$4(a+b+c)=1$」

と表される。

〔例4〕「ある仕事をAが2時間した後にBが3時間するとその仕事が終わる」は，

「全体の仕事を1とする。A，Bの1時間当たりの仕事量をそれぞれa，bとすると，

$2a+3b=1$」

と表される。

重要ポイント❷ ニュートン算

解法の形式はワンパターン。式の立て方をしっかりと身につけること。

■ニュートン算の式の立て方

単位時間当たりの増加量，減少量をもとにして式を立てる。

元の量＋増加量＝減少量

実戦問題

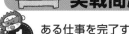

1 ある仕事を完了するのに，甲と乙の2人でやれば2時間30分かかり，乙と丙の2人でやれば3時間かかり，甲と丙の2人でやれば10時間かかる。この仕事を甲だけでやるときにかかる時間として，最も妥当なのはどれか。

【警視庁・平成28年度】

1　10時間
2　11時間
3　12時間
4　13時間
5　14時間

2 ある作業を2時間で終えるのに，機械Aだけを動かすと9台，機械Bだけを動かすと12台必要になる。機械Aを6台と機械Bの何台かを同時に動かして同じ作業を1時間で終えたいとき，機械Bの台数として，最も妥当なのはどれか。

【東京消防庁・平成21年度】

1　10台
2　12台
3　14台
4　16台
5　18台

3 A，Bの2人が50m^2の部屋の清掃を終えるのに20分，A，Cの2人が33m^2の部屋の清掃を終えるのに22分，B，Cの2人が72m^2の部屋の清掃を終えるのに24分を要する。このとき，Cが1人で20m^2の部屋の清掃を終えるのに要する時間はどれか。ただし，A～Cのそれぞれの単位時間当たりの作業量は一定とする。

【特別区・平成25年度】

1　10分
2　20分
3　30分
4　40分
5　50分

4 ある水槽を満水にするのに，Aの給水管では5時間，Bの給水管では10時間かかり，満水のときのCの排水栓から流し出して，空にするには6時間かかる。Cの排水栓を開けたまま，空の水槽にAの給水管とBの給水管から同時に水を入れた。このとき満水になるまでにかかる時間として，最も妥当なのはどれか。

【警視庁・平成29年度】

1　7時間5分
2　7時間15分
3　7時間30分
4　7時間40分
5　7時間50分

5 ある美術館の特別展において，開館待ちの列に，さらに毎分一定の人数が加わり続けている。開館してから列がなくなるまでに要する時間は，入口が1か所の場合は3時間36分，入口が2か所の場合は48分であるとき，入口が3か所の場合に開館してから列がなくなるまでに要する時間として，正しいのはどれか。ただし，各入口から入館する人数は等しくかつ毎分一定であり，列から離れる人はいない。

【東京都・平成24年度】

1　18分
2　21分
3　24分
4　27分
5　30分

6 わき水が出ている池があり，この池は満水の状態からポンプ6台で排水すると15分で水がなくなり，ポンプ12台で排水すると5分で水がなくなる。池が満水の状態からポンプ9台で排水したとき，水がなくなるまでの時間はどれか。ただし，わき水の量は一定とし，すべてのポンプの能力は同じものとする。

【地方初級・平成17年度】

1 7分20秒
2 7分30秒
3 7分40秒
4 7分50秒
5 8分00秒

実戦問題●解説

1 全体の仕事量を1とおいて，「(1時間当たりの仕事量)×(時間)＝1」

Step❶ 全体の仕事量を1とおく。甲，乙，丙のそれぞれの1時間当たりの仕事量をx，y，zとおいて，立式する

全体の仕事量を1とおく。

甲，乙，丙のそれぞれの1時間当たりの仕事量をx，y，zとおく。

甲と乙の2人でやると2時間30分（2.5時間）かかるので，

$$(x+y)\times 2.5=1$$

$$x+y=\frac{1}{2.5} \quad \cdots\cdots①$$

乙と丙の2人でやると3時間かかるので，

$$(y+z)\times 3=1$$

$$y+z=\frac{1}{3} \quad \cdots\cdots②$$

甲と丙の2人でやると10時間かかるので，

$$(x+z)\times 10=1$$

$$x+z=\frac{1}{10} \quad \cdots\cdots③$$

Step❷ 連立方程式を解く

①+②+③より，

$$2(x+y+z)=\frac{1}{2.5}+\frac{1}{3}+\frac{1}{10}$$

$$x+y+z=\frac{5}{12} \quad \cdots\cdots④$$

④－②より，

$$x=\frac{1}{12}$$

よって，甲は1時間で全体の$\frac{1}{12}$の仕事を行うので，甲だけで仕事を完了させるのに12時間かかる。

ゆえに，**3**が正答である。

確認しよう ➡仕事算の式の立て方

正答 3

2 機械AとBの1時間での仕事量を文字で表す。全仕事量を1として条件をもとに式を立てる。

Step❶ 機械AとBの1台当たりの1時間の仕事量を求める

全体の仕事量を1とおき，機械AとBの，1台当たりの1時間の仕事量をそれぞれa，bとおく。

機械Aを9台動かすと，1時間当たりの仕事量は$9a$となる。このとき，作業が2時間で終わったので，

$$9a \times 2 = 1 \qquad \therefore \quad a = \frac{1}{18}$$

同様に，機械Bを12台動かすと，1時間当たりの仕事量は$12b$となる。このとき，作業が2時間で終わったので，

$$12b \times 2 = 1 \qquad \therefore \quad b = \frac{1}{24}$$

Step❷ 機械Aを6台，Bをx台動かしたときも同様に式を立てる

機械Aを6台動かすと，1時間当たりの仕事量は，

$$\frac{1}{18} \times 6 = \frac{1}{3}$$

機械Bをx台動かすと，1時間当たりの仕事量は，

$$\frac{1}{24} \times x = \frac{x}{24}$$

これらを同時に動かして，作業を1時間で終えたいので，

$$\left(\frac{1}{3} + \frac{x}{24}\right) \times 1 = 1$$

両辺に24を掛けて

$$8 + x = 24 \qquad \therefore \quad x = 16$$

よって機械Bは16台となり，**4**が正答である。

確認しよう ➡1台当たりの1時間当たりの仕事量

正答 4

3 (1分当たりの仕事量)×(時間)=(全体の仕事量)

Step❶ A, B, Cのそれぞれの1分当たりの仕事量をxm^2, ym^2, zm^{2}とおいて, 立式する

A, B, Cのそれぞれの1分当たりの仕事量をx, y, zとおく。

AとBの2人で50m^{2}の部屋を清掃するのに20分要するので,

$$(x+y)\times 20=50$$

$$x+y=\frac{50}{20}=\frac{5}{2}\quad\cdots\cdots①$$

AとCの2人で33m^{2}の部屋を清掃するのに22分要するので,

$$(x+z)\times 22=33$$

$$x+z=\frac{33}{22}=\frac{3}{2}\quad\cdots\cdots②$$

BとCの2人で72m^{2}の部屋を清掃するのに24分要するので,

$$(y+z)\times 24=72$$

$$y+z=\frac{72}{24}=3\quad\cdots\cdots③$$

Step❷ 連立方程式を解く

①+②+③より,

$$2(x+y+z)=\frac{5}{2}+\frac{3}{2}+3$$

$$x+y+z=\frac{7}{2}\quad\cdots\cdots④$$

④−①より,

$$z=\frac{7}{2}-\frac{5}{2}=1\ \text{〔m}^2\text{〕}$$

よって, Cは1分で1m^{2}の仕事を行うので, 20m^{2}の部屋を清掃するのに20分かかる。

ゆえに, **2**が正答である。

確認しよう ➡仕事算の式の立て方 **正答 2**

4 「(1時間当たりの仕事量)×(時間)＝全体の仕事量」

Step❶ 全体の仕事量を1とおく。A，B，Cのそれぞれの1時間当たりの仕事量を求める。

全体の仕事量を1とおく。給水はプラスの仕事とし，排水はマイナスの仕事と考える。

Aの給水管では満水にするのに5時間かかることから，Aの1時間当たりの仕事量は$\frac{1}{5}$

Bの給水管では満水にするのに10時間かかることから，Bの1時間当たりの仕事量は$\frac{1}{10}$

Cの排水栓では空にするのに6時間かかることから，Cの1時間当たりの仕事量は$-\frac{1}{6}$

Cを開けたまま，AとBから水を入れると，1時間当たりの仕事量は

$\frac{1}{5}+\frac{1}{10}-\frac{1}{6}=\frac{2}{15}$

よって，1時間で全体の$\frac{2}{15}$の仕事を行うので，仕事を完了させるのに

$\frac{15}{2}=7.5$時間＝7時間30分かかる。

ゆえに，**3**が正答である。

確認しよう ➡仕事算の式の立て方

正答 3

5 開館待ちの列の量，1分当たりの加わる人数，1分当たりの入場数をそれぞれ文字で表して「元の量＋増加量＝減少量」で式を立てる。

Step❶　文字を用いて式を立てる

開館待ちの列の量をA，入口1か所における1分当たりの加わる人数をa，入口1か所における1分当たりの入場数をbとおく。

まず，入口が1か所の場合を考える。

開館待ちの列の量（元の量）はA

3時間36分（＝216分）の間に加わる人数（増加量）は，$216a$

216分間の入場者数（減少量）は，$216b$

であるから，「元の量＋増加量＝減少量」より，

$A+216a=216b$　……①

次に，入口が2か所の場合を考える。

開館待ちの列の量（元の量）はA

48分間に加わる人数（増加量）は，$48a$

48分間の入場者数（減少量）は，$2\times 48b=96b$

であるから，「元の量＋増加量＝減少量」より，

$A+48a=96b$　……②

入口が3か所のときに要する時間をx分とすると，

開館待ちの列の量（元の量）はA

x分間に加わる人数（増加量）は，ax

x分間の入場者数（減少量）は，$3\times bx=3bx$

であるから，「元の量＋増加量＝減少量」より，

$A+ax=3bx$　……③

Step❷　連立方程式を解く

$A+216a=216b$　……①

$A+48a=96b$　……②

（方程式が2つなのに対して文字が3つあるので，1つの文字で他の2文字を表す）

①－②より，

$$168a=120b \qquad \therefore\quad a=\frac{120}{168}b=\frac{5}{7}b$$

②に代入して，

$$A+48\times\frac{5}{7}b=96b \qquad \therefore \quad A=\frac{432}{7}b$$

これらを③に代入して，

$$\frac{432}{7}b+\frac{5}{7}bx=3bx$$

両辺をbで割って

$$\frac{432}{7}+\frac{5}{7}x=3x$$

$$432+5x=21x$$

$$16x=432 \qquad \therefore \quad x=27$$

27分となり，**4**が正答である。

確認しよう ➡ニュートン算の解法

正答 4

6 排水を始めてから水がなくなるまでにわき出た水が排水量に入る。

Step❶ わき水の量，ポンプの排水量，池の水量の関係を整理する

わき水の量を毎分A，ポンプ1台当たりの排水量を毎分a，満水状態の池の水量をLとする。

ポンプ6台で排水すると15分で水がなくなることから「元の量＋増加量＝減少量」より，

$L+15A=15\times 6a$

$L+15A=90a$ ……①

ポンプ12台で排水すると5分で水がなくなることから「元の量＋増加量＝減少量」より，

$L+5A=5\times 12a$

$L+5A=60a$ ……②

ポンプ9台で排水するとt分で水がなくなるとすると「元の量＋増加量＝減少量」より，

$L+tA=9ta$ ……③

Step❷ 連立方程式を解く

①－②から

$10A=30a$

$A=3a$

①に代入して

$L+15\times 3a=90a$

$L=45a$

これらを③に代入して

$45a+t\cdot 3a=9ta$

両辺をaで割って

$45+3t=9t$

$6t=45$

$t=\frac{45}{6}=\frac{15}{2}=7\frac{1}{2}$〔分〕＝7分30秒

となり，**2**が正答である。

確認しよう ➡ニュートン算の解法　　**正答 2**

第3章

場合の数・確率

テーマ14 場合の数

重要度

重要問題

20円切手が3枚，120円切手が3枚，140円切手が2枚ある。これらから合計が380円となるように任意の切手を選んで，封筒に縦一列に貼りたい。貼る切手の並べ方（並べる順番）は何通りあるか。

ただし，同じ金額の切手どうしは区別しないものとする。

【国家一般職／社会人／税務・令和元年度】

1 7通り
2 12通り
3 15通り
4 18通り
5 24通り

解説

n個のもののうち，p個は同じもの，q個は別の同じもの，r個はまた別の同じものであるとき，それらn個のもの全部を使って作られる順列の総数は，

$\dfrac{n!}{p!q!r!}$である（P.164重要ポイント①参照）。

Step❶ 20円切手，120円切手，140円切手の枚数の組合せを考える

合計金額が380円になるような組合せを考えると，

(20円切手，120円切手，140円切手)＝(0枚，2枚，1枚)，(1枚，3枚，0枚)のどちらかである。

Step❷ 並べ方を階乗を用いて計算する

（i）（0枚，2枚，1枚）のとき，

120円切手が2枚あることに注意して，3枚の並べ方を考えると，

$$\frac{3!}{2!}=\frac{3\times2\times1}{2\times1}=3\text{通り}$$

（ii）（1枚，3枚，0枚）のとき，

120円切手が3枚あることに注意して，4枚の並べ方を考えると，

$$\frac{4!}{3!}=\frac{4\times3\times2\times1}{3\times2\times1}=4\text{通り}$$

よって，3＋4＝7より，**1**が正答である。

確認しよう ➡同じものが入っている場合の並べ方

正答 1

FOCUS

「場合の数」の数え方の原則は「数え落としがない」「重複して数えていない」の2つである。

この2つのことが守られていることを明らかにするために，図をかく，数値を書き出す，表を作るなどの方法を自由に使えるように心掛ける。数が少ないときは，樹形図をかいて数え上げるのもよい。

要点のまとめ

重要ポイント1 場合の数

■積の法則

事柄A，B において，Aの起こり方がa通りあり，そのおのおのに対して，Bの起こり方がb通りあるとき

（A，Bがともに起こる場合の数）＝$a\times b$〔通り〕

■和の法則

事柄A，Bにおいて，A，Bが同時には起こらないとする。

Aの起こり方がa通り，Bの起こり方がb通りあるとき

（AまたはBが起こる場合の数）＝$a+b$〔通り〕

■樹形図

書き落としがないように，また重複しないように注意して作成する。

〔例〕 大，中，小の3個のサイコロを同時に投げるとき，出た目の和が6になるのは何通りあるか。

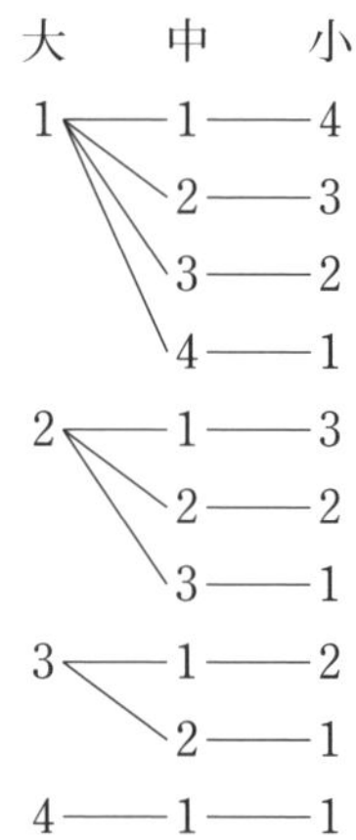

合計10通りである。

実戦問題

1 デパートで買い物をしたところ，代金は12280円であった。今，一万円札を1枚，五千円札を2枚，千円札を7枚，百円硬貨を3枚，五十円硬貨を3枚，十円硬貨を9枚持っているとすると，おつりが必要ないように支払う方法は何通りか。

【国家Ⅲ種・平成8年度】

1　8通り
2　9通り
3　10通り
4　11通り
5　12通り

2 文房具店で買い物をし，千円紙幣2枚，五百円硬貨4枚，百円硬貨6枚，五十円硬貨8枚のうち，いずれかを組み合わせて，ちょうど2200円を支払うとき，紙幣および硬貨の組合せは全部で何通りあるか。

【東京都・平成28年度】

1　15通り
2　16通り
3　17通り
4　18通り
5　19通り

3 1から4までの数字が各面に1つずつ書かれている正四面体のサイコロが大，中，小の各1個ずつある。この3個のサイコロを同時に投げるとき，底面に書かれている数字の和が8になるパターンの数として，最も妥当なのはどれか。

【東京消防庁・平成27年度】

1　9通り
2　12通り
3　15通り
4　18通り
5　21通り

4 1～6の目が1つずつあるサイコロを用いて，次の規則に従って行うゲームがある。

○ 机の上にカードが6枚あり，サイコロを振って，出た目の数だけカードを取っていき，6枚すべてのカードを取ることができた場合には「成功」となり，ゲームが終了する。

○ 机の上にカードが残っている場合，再度サイコロを振ることができるが，残ったカードの枚数より多い目が出た場合には「失敗」となり，ゲームが終了する。

○ 最大3回までサイコロを振ることができる。

このゲームで，6枚のカードすべてを取って「成功」となるカードの取り方（サイコロの目の出方）は全部で何通りあるか。

【中途採用者・平成22年度】

1 12通り　**2** 16通り
3 18通り　**4** 24通り
5 32通り

5 1から9までの整数が1つずつ書かれた，同じ大きさのカードが9枚ある。このカードをすべて袋の中に入れ，袋の中から3枚のカードを取り出したとき，カードに書かれた数の積が10の倍数となる場合の数として，正しいのはどれか。

【警視庁・平成25年度】

1 9通り　**2** 10通り
3 15通り　**4** 22通り
5 28通り

6 幼児Aの家は両親と祖母の4人暮らしである。Aは1人では留守番をすることはなく，祖母は1人で留守番をすることができる。また，Aと祖母は，外出には必ずほかの大人の付添いがいる。Aの家では外出のしかたは何通りあるか。

【地方中級・平成7年度】

1 10通り　**2** 11通り
3 12通り　**4** 13通り
5 14通り

実戦問題●解説

1 280円の支払いと，12000円の支払いを別々に考えてみよう。

Step❶ 280円の支払い方を考える

280円の支払い方は次の4通りある。

百円硬貨（3枚まで）	2	2	1	1
五十円硬貨（3枚まで）	1	0	3	2
十円硬貨（9枚まで）	3	8	3	8

Step❷ 12000円の支払い方を考える

12000円の支払い方は次の3通りある。

一万円札（1枚まで）	1	0	0
五千円札（2枚まで）	0	2	1
千円札（7枚まで）	2	2	7

Step❸ 12280円の支払い方を求める

280円の支払い方4通りのおのおのに対して，12000円の支払い方は3通りずつあるから，積の法則により4×3＝12〔通り〕である。よって，**5**が正答である。

確認しよう ➡280円と12000円の支払い方法は独立である　**正答 5**

2 1000円札の枚数に応じて場合分けをする。

Step❶ 1000円札が2枚の場合

(500円硬貨，100円硬貨，50円硬貨)の組合せは，(0枚，2枚，0枚)，(0枚，1枚，2枚)，(0枚，0枚，4枚)の3通り。

Step❷ 1000円札が1枚の場合

(500円硬貨，100円硬貨，50円硬貨)の組合せは，(2枚，2枚，0枚)，(2枚，1枚，2枚)，(2枚，0枚，4枚)，(1枚，6枚，2枚)，(1枚，5枚，4枚)，(1枚，4枚，6枚)，(1枚，3枚，8枚)の7通り。

Step❸ 1000円札が0枚の場合

(500円硬貨，100円硬貨，50円硬貨)の組合せは，(4枚，2枚，0枚)，(4枚，1枚，2枚)，(4枚，0枚，4枚)，(3枚，6枚，2枚)，(3枚，5枚，4枚)，(3枚，4枚，6枚)，(3枚，3枚，8枚)の7通り。

よって，全部で3＋7＋7＝17〔通り〕あるので，**3**が正答である。

確認しよう ➡場合分けのしかたと書き出し方　**正答 3**

3 目の和が8になる数の組合せを書き出す。

Step❶ 目の和が8になる数の組合せを書き出す

目の和が8になる数の組合せは，(1, 3, 4)，(2, 2, 4)，(2, 3, 3)

Step❷ 大，中，小の順番を階乗を用いて計算する

(P.164重要ポイント①参照)

大，中，小の順番をそれぞれについて考えると，

(1, 3, 4)……$3! = 3 \times 2 \times 1 = 6$〔通り〕

(2, 2, 4)……$\dfrac{3!}{2!} = \dfrac{3 \times 2 \times 1}{2 \times 1} = 3$〔通り〕

(2, 3, 3)……$\dfrac{3!}{2!} = \dfrac{3 \times 2 \times 1}{2 \times 1} = 3$〔通り〕

よって，全部で$6+3+3=12$〔通り〕あるので，**2**が正答である。

確認しよう ➡「目の和が～」の問題の解法　**正答 2**

4 1回目，2回目，3回目に出たサイコロの目をそれぞれx，y，zとして，条件を式に表す。

Step❶ サイコロを1回，2回振ってゲームが終わった場合を考える

1回目，2回目，3回目に出たサイコロの目をそれぞれx，y，zとする。ただし，x，y，zは1から6までの整数。

1回でゲームが終わったとき　　$x=6$　の1通り。

2回でゲームが終わったとき　　$x+y=6$　　$x, y<6$

が成り立つ。これを満たす(x, y)の組は，(1, 5)，……，(5, 1)の5通り。

Step❷ サイコロを3回振ってゲームが終わった場合を考える

3回でゲームが終わったとき　　$x+y+z=6$　　$x, y, z<4$

が成り立つ。これを満たすx，y，zの組を考える。

・$x=1$のとき，これを満たす(y, z)の組は(1, 4)，(2, 3)，(3, 2)，(4, 1)の4通り

・$x=2$のとき，これを満たす(y, z)の組は(1, 3)，(2, 2)，(3, 1)の3通り

・$x=3$のとき，これを満たす(y, z)の組は(1, 2)，(2, 1)の2通り

・$x=4$のとき，これを満たす（y, z）の組は（1, 1）の1通り

ゆえに，題意を満たすのは，

$1+5+4+3+2+1=16$〔通り〕

よって，**2**が正答である。

確認しよう ➡場合分けのしかた　　**正答 2**

5 積が10の倍数（5の倍数かつ2の倍数）になるためには，「5」と「偶数」を必ず選ばなければならない。

Step❶ 積が10の倍数になる場合を考える

積が10の倍数になるためには，「5」を必ず選びかつ「偶数」を少なくとも1枚選ばなければならない。

Step❷ 偶数を1枚選ぶ場合を考える

5以外の2枚のカードは，偶数を2，4，6，8の中から1枚，奇数を1，3，7，9の中から1枚選べばよいので，組合せは$4\times4=16$〔通り〕ある。

Step❸ 偶数を2枚選ぶ場合を考える

5以外の2枚のカードは，偶数を2，4，6，8の中から2枚選べばよいので，${}_4C_2=\frac{4\times3}{2\times1}=6$〔通り〕（P.174重要ポイント①参照）

よって，全部で$16+6=22$〔通り〕であるから，**4**が正答である。

確認しよう ➡積が10の倍数になる条件　　**正答 4**

6 外出の人数で分類する。

Step❶ 外出時の人数ごとに可能な組合せを表にする

	1人		2人					3人			4人
A				○	○			○	○	○	○
父	○		○	○		○		○	○		○
母		○	○		○		○	○		○	○
祖母						○	○		○	○	○

Step❷ 表から求める値を出す

外出のしかたは11通りある。

よって，**2**が正答である。

確認しよう ➡表の作成のしかた　　**正答 2**

テーマ15 順　列

重要度

重要問題

1ケタの整数0～4が1つずつ書かれた5枚のカードがある。この中から3枚を選んで並べ，3ケタの奇数を作るとき，何通りが可能か。

【地方初級・平成29年度】

1　10通り
2　12通り
3　14通り
4　16通り
5　18通り

解説

一の位が奇数であればよい。百の位は0を使えないことに注意する。

一の位が奇数であればよいので，一の位は1または3である。

Step❶　一の位が1の場合

一の位が1の場合について考える。

百の位は，0と1を使えないので，2，3，4のいずれかの3通り。

十の位は，1と百の位で使った数字を使えないので，3通り。

よって，3×3＝9〔通り〕。

Step❷　一の位が3の場合

一の位が3の場合も同様に考えて，

全部で9×2＝18〔通り〕。

よって，**5**が正答である。

確認しよう　➡○ケタの数の並べ方の解法

正答　5

FOCUS

「場合の数」を求める問題で，並べ方に関するものがある。

個数が少ないときは，書き出していったり，表に表したりして数えることができるが，それが不可能なくらい多くの並べ方が生じることがある。順列とは並べ方のことであり，問題を解いていく中で「ここは並べ方を数えればよい」という部分に順列の公式を使うのがポイントである。

要点のまとめ

重要ポイント 1 順列

場合の数を数えあげる方法もあるが，やはり公式は使えるようにしておく必要がある。問題をこなしながら使い方をマスターしよう。

取り出す順番を勘案するのが**順列**で，取り出す順番を無視するのが**組合せ**である。

■ n個の異なるものからr個とる順列を${}_n\mathrm{P}_r$と書く

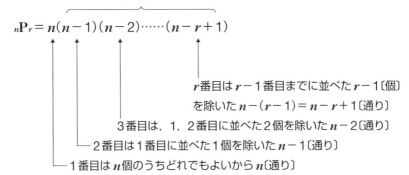

$$ {}_n\mathrm{P}_r = \underbrace{n(n-1)(n-2)\cdots\cdots(n-r+1)}_{n\text{以下順に}r\text{個の積}} $$

- r番目は$r-1$番目までに並べた$r-1$〔個〕を除いた$n-(r-1)=n-r+1$〔通り〕
- 3番目は，1，2番目に並べた2個を除いた$n-2$〔通り〕
- 2番目は1番目に並べた1個を除いた$n-1$〔通り〕
- 1番目はn個のうちどれでもよいからn〔通り〕

〔例〕 A，B，C，D，Eの5個の中から3個とって並べる並べ方(順列)は
${}_5\mathrm{P}_3=5\times4\times3=60$〔通り〕

■ n個のものすべての順列

n以下すべての自然数の積を$n!$（nの階乗）と書く

$$ n!=n(n-1)(n-2)\cdots\cdots2\cdot1 $$

〔例〕 A，B，Cの3個のものの順列は
$3!=3\times2\times1=6$〔通り〕

■ n個のもののうち同じものが含まれている場合の順列

n個のもののうち，p個は同じもの，q個は別の同じもの，r個はまた別の同じものであるとき，それらn個のもの全部を使って作られる順列の総数は，

$$\frac{n!}{p!\,q!\,r!}$$

〔例〕 A，A，B，B，Bの5個のものの順列は

いったん2個のAおよび3個のBを異なるものと考えて，全部で5個の異なるものの順列と考えると，5！通り。

これは，2個のAおよび3個のBの入れ替わりを別々のものとして考えた結果なので，これらを同一視すると，$\frac{5!}{2!\,3!}$〔通り〕になる。

$$\frac{5!}{2!\,3!}=\frac{5\times4\times3\times2\times1}{2\times1\times3\times2\times1}=10\text{〔通り〕}$$

■ n個のものの円順列

n個のものを円形状に並べる順列は

$(n-1)!$〔通り〕

〔例〕 A，B，C，Dの4個のものの円順列は

$(4-1)!=3!=6$〔通り〕

Aを固定して，他の3個のものの順列を考えればよい。

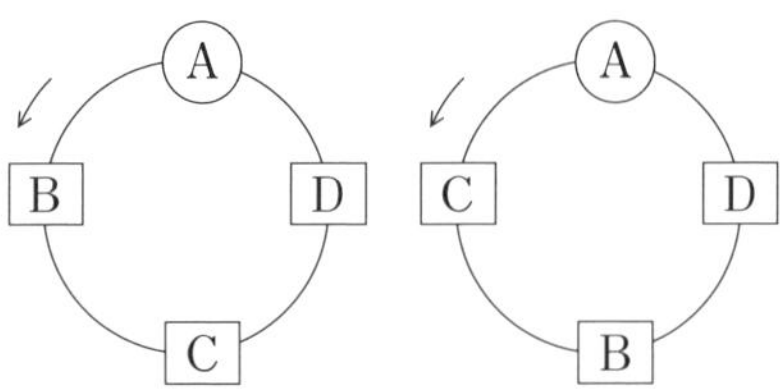

■重複順列

n個のものから繰り返し（重複）を許してr個選んで並べる順列は

n^r〔通り〕

〔例〕 ○か×で答える問題が7問あるときの答え方は，

$$\underbrace{2\times2\times2\times2\times2\times2\times2}_{\text{2通りの考え方が7問}}=2^7=128\text{〔通り〕}$$

実戦問題

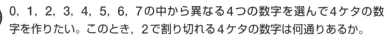

1 0，1，2，3，4，5，6，7の中から異なる4つの数字を選んで4ケタの数字を作りたい。このとき，2で割り切れる4ケタの数字は何通りあるか。

【東京消防庁・平成19年度】

1 210通り
2 390通り
3 570通り
4 750通り
5 840通り

2 1と書かれたカードが3枚，2と書かれたカードが1枚，3と書かれたカードが2枚ある。これら6枚のカードを使ってできる6ケタの整数の個数として，最も妥当なのはどれか。

【東京消防庁・平成28年度】

1 12通り
2 30通り
3 60通り
4 90通り
5 120通り

3 TOKYOという5文字から任意の3文字を選んで，それらを横1列に並べるとき，3文字の並べ方は何通りあるか。

【東京都・平成28年度】

1 29通り
2 33通り
3 37通り
4 41通り
5 45通り

4 下図のように4つに区分された図柄の旗を，赤，黄，緑および白の4色で塗り分けるとき，同じ色が隣り合わないように塗り分ける方法は全部で何通りあるか。ただし，各区分は1色で塗り，4色のうち使わない色があってもよい。

【東京都・平成27年度】

1　24通り
2　36通り
3　48通り
4　60通り
5　72通り

5 A, B, C, D, E, F, Gの7人が横1列に並ぶとき，AとBが隣り合う並び方の総数として，最も妥当なのはどれか。

【東京消防庁・平成26年度】

1　240通り
2　480通り
3　720通り
4　1200通り
5　1440通り

実戦問題●解説

1 一の位は0，2，4，6のいずれか。千の位に0は使えない。

Step❶　一の位が0のときを考える

2で割り切れる数の一の位は0，2，4，6のいずれかである。

一の位が0のとき，十，百，千の位の数は残りの1～7の7個の数の中から異なる3個を取って並べる順列であるから

$_7P_3 = 7 \times 6 \times 5 = 210$〔通り〕

Step❷　一の位が0でないときを考える

一の位が2，4，6のいずれかのとき，残りの数の中に0が含まれているから千の位の決め方は，一の位に使った2，4，6の中の1つと0を除く6通り。

このとき，十，百の位の決め方は一の位，千の位に使った2つを除く6個の中から異なる2個を取って並べる順列であるから

$_6P_2 = 6 \times 5 = 30$〔通り〕

こうして，一の位の数が2，4，6の3通りに対して千の位の決め方は6通り，十，百の位の決め方は30通りであるから

$3 \times 6 \times 30 = 540$〔通り〕

よって，2で割り切れる4ケタの数は$210 + 540 = 750$〔通り〕あるので，**4**が正答である。

確認しよう ➡一の位に0を使ったときと使わなかったときの区別　　**正答 4**

2 n個のもののうち，p個は同じもの，q個は別の同じもの，r個はまた別の同じものであるとき，それらn個のもの全部を使って作られる順列の総数は，

$\dfrac{n!}{p!q!r!}$である。

Step❶ 階乗を使って立式する

異なるn個のものの並べ方は$n!$であるが，本問は同じものが含まれているので注意する。

同じものが含まれている場合は，同じものの個数の階乗で割る。

1と書かれたカードが3枚，3と書かれたカードが2枚あるので，3！と2！で割る。

$$\frac{6!}{3!2!}=\frac{6\times5\times4\times3\times2\times1}{3\times2\times1\times2\times1}=60$$〔通り〕。

よって，**3**が正答である。

確認しよう ➡同じものが入っている場合の順列　　**正答 3**

3 同じ文字であるOに注目して場合分けをして考える。
同じ文字が含まれているので，${}_5P_3$としてはいけない。

Step❶　Oの含まれる個数によって場合分けをする

Oを2個含む場合，T，K，Yの3文字から1文字を選び，選んだ1文字と2個のOの並べ方を考えると，

$$(\mathrm{O},\ \mathrm{O},\ 他)\cdots\cdots {}_3C_1\times\frac{3!}{2!}=3\times\frac{3\times2\times1}{2\times1}=9〔通り〕$$

Oを1個含む場合，T，K，Yの3文字から2文字を選び，選んだ2文字と1個のOの並び方を考えると，

$$(\mathrm{O},\ 他,\ 他)\cdots\cdots {}_3C_2\times3!=\frac{3\times2}{2\times1}\times3\times2\times1=18〔通り〕$$

Oを含まない場合，T，K，Yの3文字の並べ方を考えると，

$(\mathrm{T},\ \mathrm{K},\ \mathrm{Y})\cdots\cdots 3!=3\times2\times1=6$〔通り〕

Step❷　合計する

よって，全部で$9+18+6=33$〔通り〕あるから，**2**が正答である。

確認しよう ➡同じものを含む場合のn個のものからr個取る順列　**正答 2**

4 制約のきつい（多くの領域と隣り合う）場所から塗っていく。

Step❶　以下のように図にアルファベットを振る

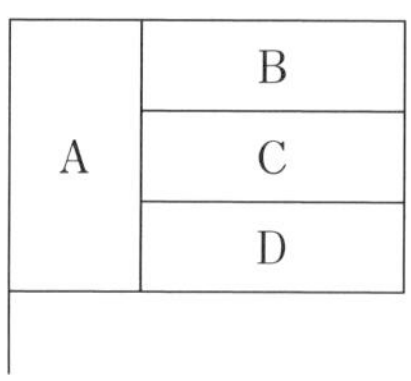

Step❷　Aに赤を塗る場合について考える

まず制約のきつい（多くの領域と隣り合う）Aの部分を塗る。

Aに赤を塗るとき，

Cは黄，緑，白のいずれかを塗ればよいので，3通り。

BとDは，A，Cで使った色と違う残りの2色を塗ればよいので，

$2\times2=4$〔通り〕ある。

よって，

Aに赤を塗るときの方法は，3×4＝12〔通り〕ある。

Step❸ 同様にしてAに赤以外（黄，緑，白）を塗る場合について考える

Aに黄，緑，白を塗るときも同様に考えて，

12×4＝48〔通り〕

よって，**3**が正答である。

確認しよう ➡基準を決めて場合分け　　**正答 3**

5 「～が隣り合う」はワンセットにして考える。

Step❶ AとBが隣り合うのでこの2人をワンセットにする

AとBが隣り合うので，AとBをワンセットにして考える。

[A B]，C，D，E，F，Gの6人の並び方と考えて，6！〔通り〕

Step❷ [A B] の中での並べ方を考える

[A B] の中での並べ方は，2！〔通り〕

よって，並び方は，

6！×2！＝1440〔通り〕なので，**5**が正答である。

確認しよう ➡「～が隣り合う」の処理のしかた　　**正答 5**

テーマ16 組合せ

重要度

重要問題

12本の同じ鉛筆をA，B，Cの3人に配るとき，その配り方の数として，正しいのはどれか。ただし，どの人にも少なくとも1本は配るものとする。

【警視庁・平成27年度】

1　55通り
2　66通り
3　76通り
4　86通り
5　96通り

解説

「○」と仕切り「／」による順列として考える。

Step❶ あらかじめA，B，Cの3人に1本ずつ配る

どの人にも少なくとも1本は配らないといけないので，あらかじめA，B，Cの3人に1本ずつ配っておく。

Step❷ 残り9本を3人で分配する。仕切りを2つ入れる

残り9本をA，B，Cの3人に分配すればよいので，以下のように

○○○○○○○○○

に仕切りを2つ入れればよい。

○○／○○○／○○○○

したがって，「○」9個，「／」2つの合計11個のものの並べ方を考えればよいので，

$$\frac{11!}{9!2!}=\frac{11\times10}{2\times1}=55\text{〔通り〕}$$

よって，**1**が正答である。

確認しよう ➡仕切りを入れて考える解法

正答 1

FOCUS

組合せの計算も，場合の数を数える中で，個数が多くて書き出すことが無理であるようなときに利用する。

また，順列，組合せの計算は，テーマ17の確率の計算では欠くことができないから，ここで計算方法をしっかり覚えておきたい。

要点のまとめ

重要ポイント1 組合せ

効率よく問題を解くには公式の利用が欠かせない。ここでも実際に問題を解きながらマスターしたい。

取り出す順番を勘案するのが**順列**であるのに対し，取り出す順番を無視するのが**組合せ**である。

n個の異なるものからr個取る組合せを${}_n\mathrm{C}_r$と書く。

■組合せの計算

異なるn個のものの中から異なるr個を取る組合せの総数は

$$ {}_n\mathrm{C}_r=\frac{{}_n\mathrm{P}_r}{r\,!}=\frac{n(n-1)\cdots\cdots(n-r+1)}{r(r-1)\cdots\cdots 3\cdot 2\cdot 1} $$

■公式の説明

${}_n\mathrm{C}_r=\dfrac{{}_n\mathrm{P}_r}{r\,!}$は，$n$個のものの中から$r$個を取るだけで並べないので，$r$個を取って並べる並べ方${}_n\mathrm{P}_r$に対して，$r\,!$通りを同一視することになる。

〔例〕 a，b，c，dの4つの文字の中から異なる3個の文字を選ぶ方法では，文字の順序を無視するから，次の4通りである。${}_4\mathrm{C}_3=4$と表す。

$(a,\ b,\ c)$，$(a,\ b,\ d)$，$(a,\ c,\ d)$，$(b,\ c,\ d)$

例えば，$(a,\ b,\ c)$に対して順列${}_n\mathrm{P}_r$を考えるときにはabc，acb，bac，bca，cab，cbaのように3個の文字の順列$3\,!=6$〔通り〕を別々のものとして考えるので，6倍することになる。

これは，他のどの組合せについても同じであるから，

$$ {}_4\mathrm{C}_3\times 3\,!={}_4\mathrm{P}_3 \quad\Leftrightarrow\quad {}_4\mathrm{C}_3=\frac{{}_4\mathrm{P}_3}{3\,!} $$

実戦問題

1 7人の人が5人と2人に分かれてタクシーに乗るときの分かれ方は何通りあるか。

【地方初級・平成4年度】

1 15通り　**2** 17通り
3 19通り　**4** 21通り
5 23通り

2 赤玉が3個，青玉が2個，白玉が1個ある。これら6個の玉を図のようなA～Fの箱に1個ずつ入れていくとき，入れ方は全部で何通りあるか。

【国家一般職／社会人・平成25年度】

1 36通り
2 48通り
3 60通り
4 72通り
5 120通り

A	B	C	D	E	F

3 黒の碁石が4個，白の碁石が3個ある。白の石が隣り合わないような並べ方は何通りあるか。

【地方初級・平成6年度】

1 8通り　**2** 10通り
3 12通り　**4** 14通り
5 16通り

4 下図のような正十角形の頂点のうち，3つの頂点を直線で結んで三角形を作るとき，正十角形と辺を共有しない三角形の数として，正しいのはどれか。

【東京都・平成25年度】

1 30
2 50
3 60
4 110
5 120

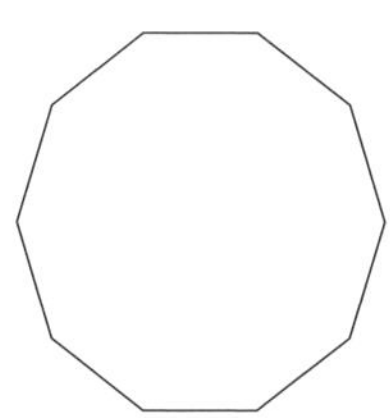

実戦問題●解説

1 7人のうち2人の組をつくれば，他のメンバーが5人の組である。

7人の中から2人を選ぶ組合せの数を求めればよいから

$$_7C_2=\frac{7\times6}{2\times1}=21〔通り〕$$

（注）7人の中から5人を選ぶ組合せの数を求めても同様である。

$$_7C_5=\frac{7\times6\times5\times4\times3}{5\times4\times3\times2\times1}=21〔通り〕$$

よって，**4**が正答である。

確認しよう ➡ $_7\mathbf{C}_5={}_7\mathbf{C}_2$ **正答 4**

2 色別に順番に箱に入れていく。組合せ $_n\mathbf{C}_r$ を利用する。

Step❶ 色別に順番に箱に入れていく

まず赤玉を箱に入れる。赤玉3個を入れる箱の選び方は，A～Fの6箱の中から3箱を選べばよいので，

$$_6C_3=\frac{6\times5\times4}{3\times2\times1}=20〔通り〕$$

次に青玉を箱に入れる。青玉2個を入れる箱の選び方は，残り3箱の中から2箱を選べばよいので，

$$_3C_2=\frac{3\times2\times1}{2\times1}=3〔通り〕$$

最後に白玉を箱に入れるが，最後に残った1つの箱に白玉1個を入れるので，入れ方は1通りである。

Step❷ 入れ方の総数を求める

よって，入れ方は全部で

$20\times3\times1=60$〔通り〕あるから，**3**が正答である。

確認しよう ➡組合せの考え方 **正答 3**

3 まず，黒の碁石を4個並べ，次に，白の碁石を置くことができる場所を数える。

Step❶ 黒を先に並べ，次に白を置ける場所を考える

先に黒4個を並べたとき，白の碁石3個を白の石が隣り合わないように置くことができる場所は，図の①～⑤の5か所である。

① ● ② ● ③ ● ④ ● ⑤

Step❷ 白の石3個を置く組合せを求める

①～⑤の中から，白の石を置く3か所を選ぶ組合せを求めればよいから

$$ {}_5C_3 = \frac{5\times4\times3}{3\times2\times1} = 10 \text{〔通り〕} $$

よって，**2**が正答である。

確認しよう ➡黒4個に対して白3個を置くことが許される位置を考える　**正答 2**

4 3点を選んでくると三角形を作ることができる。組合せ ${}_nC_r$ を利用する。

Step❶ 3つの頂点を結んでできる三角形の総数を求める

正十角形の3つの頂点を結んでできる三角形は，10個の頂点から3個の点を選べばよいので，

$$ {}_{10}C_3 = \frac{10\times9\times8}{3\times2\times1} = 120 \text{〔個〕} $$

Step❷ 1辺だけを共有する三角形と2辺を共有する三角形の個数を求める

正十角形と1辺だけを共有する三角形は，1つの辺につき6個あることから，全部で

$6\times10=60$〔個〕ある。

正十角形と2辺を共有する三角形は，辺の数と同数あることから全部で10個ある。

Step❸ 辺を共有しない三角形の個数を求める

よって，辺を共有しない三角形は，

$120-(60+10)=50$〔個〕である。

ゆえに，**2**が正答である。

確認しよう ➡多角形の3つの頂点を結んでできる三角形の個数　**正答 2**

第3章 場合の数・確率

テーマ17 確率

重要度

重要問題

1～9の互いに異なる数字が1つずつ表面のみに書かれた9枚のカードがある。これらのカードが裏面を上にして置かれており，そのうち2枚のカードをめくったところ，書かれていた数字は4と7であった。その後，残り7枚のカードのうち3枚をめくったとき，それらの3枚のカードに書かれている数字の積が偶数になる確率はいくらか。

【国家一般職／社会人／税務・令和2年度】

1　$\frac{19}{35}$

2　$\frac{22}{35}$

3　$\frac{5}{7}$

4　$\frac{4}{5}$

5　$\frac{31}{35}$

解説

積が偶数⇒余事象の考え方を用いる。

Step❶ 余事象（積が奇数になる確率）を考える

4と7以外の残りのカードは，1，2，3，5，6，8，9の7枚である。積が奇数になるのは，めくった3枚のカードがすべて奇数のときである。7枚の中に奇数は4枚（1，3，5，9）あるので，この4枚の中から3枚をめくればよい。よって，3枚をめくったときに3枚のカードの積が奇数になる確率は，

$$\frac{{}_4C_3}{{}_7C_3}=\frac{4}{\dfrac{7\times6\times5}{3\times2\times1}}=\frac{4}{35}$$

Step❷ 全体から余事象を引く

よって，積が偶数になる確率は，全体から余事象（積が奇数になる確率）を引いたものであるから，

$$1-\frac{4}{35}=\frac{31}{35}$$

よって，**5**が正答である。

確認しよう ➡余事象の利用

正答 5

FOCUS

出題頻度の高い分野である。順列，組合せを含めて場合の数を求め，確率の定義どおりに計算すればよい。

要点のまとめ

重要ポイント1 確率

場合の数の計算方法を理解しておく必要がある。あとは確率の定義どおりに正答を導き出せるようにしておこう。

■試行

「サイコロを振る」「ジャンケンをする」などを試行という。

■事象

「サイコロを振る」という試行において，起こりうるすべての事柄{1，2，3，4，5，6の目が出る}を「全事象」といい，{2，4，6の目が出る}を「偶数の目が出る事象」といういい方をする。

■確率の定義

ある試行において，全事象がN通りであり，そのうち，事象Aである場合がa通りあるとき

$$(A\text{が起こる確率})=P(A)=\frac{(\text{事象}A\text{の場合の数})}{(\text{全事象の数})}=\frac{a}{N}$$

■余事象の確率

ある試行において，「事象Aが起こらない事象」をAに対する余事象といい，$\overline{A}$で表す。

$\overline{A}$が起こる確率を$P(\overline{A})$とすると，

$P(\overline{A})=1-P(A)$

■排反事象の確率

ある試行において，事象A，Bが同時に起こることがないとき，事象A，Bは排反事象であるという。

A，Bが排反事象であるとき，AまたはBが起こる確率を$P(A\cup B)$で表すと

$P(A\cup B)=P(A)+P(B)$

実戦問題

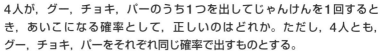

1 4人が，グー，チョキ，パーのうち1つを出してじゃんけんを1回するとき，あいこになる確率として，正しいのはどれか。ただし，4人とも，グー，チョキ，パーをそれぞれ同じ確率で出すものとする。

【東京都・平成28年度】

1 $\frac{7}{27}$

2 $\frac{7}{24}$

3 $\frac{11}{27}$

4 $\frac{13}{27}$

5 $\frac{13}{24}$

2 4個の立方体のサイコロを同時に1回投げるとき，2個以上のサイコロが，同じ目を出す確率として，正しいのはどれか。

【東京都・令和2年度】

1 $\frac{1}{216}$

2 $\frac{5}{18}$

3 $\frac{61}{216}$

4 $\frac{155}{216}$

5 $\frac{13}{18}$

3 ある箱の中に，金色のコインが4枚，銀色のコインが3枚，銅色のコインが3枚入っている。今，この箱の中から同時に3枚のコインを取り出すとき，3枚ともすべて異なる色のコインを取り出す確率Aと，金色のコイン2枚と銀色のコイン1枚を取り出す確率Bの組合せはどれか。

【特別区・平成26年度】

	A	B
1	$\frac{1}{10}$	$\frac{1}{15}$
2	$\frac{2}{15}$	$\frac{1}{20}$
3	$\frac{2}{15}$	$\frac{3}{20}$
4	$\frac{3}{10}$	$\frac{1}{15}$
5	$\frac{3}{10}$	$\frac{3}{20}$

4 5枚のカードがあり，互いに異なる1～5の数字が1つずつ書かれている。この5枚のカードから無作為に3枚を取り出して並べ，3ケタの整数を作ったとき，5の倍数となる確率はいくらか。

【中途採用者・平成21年度】

1 $\frac{1}{6}$

2 $\frac{1}{5}$

3 $\frac{1}{4}$

4 $\frac{1}{3}$

5 $\frac{3}{7}$

5 1枚の硬貨を8回投げるとき，表が1回だけ出る確率として，正しいのはどれか。ただし，いずれの回も，表と裏が出る確率はどちらも$\frac{1}{2}$である。

【地方初級・平成29年度】

1 $\frac{1}{8}$

2 $\frac{1}{16}$

3 $\frac{1}{32}$

4 $\frac{1}{64}$

5 $\frac{1}{128}$

実戦問題●解説

1 あいこになる場合の手の出し方は，「全員が同じ手を出す」または「2人だけが同じ手を出す」場合のどちらかである。

Step❶ あいこになる場合を考える

4人でじゃんけんをするとき，あいこになるのは，以下の2つの場合である。

（ i ） 全員が同じ手を出す場合

4人全員が「グー」または「チョキ」または「パー」の3通り。

（ii） 2人だけが同じ手を出す場合

（たとえば，「グー」が2人，「チョキ」が1人，「パー」が1人の場合など）

同じ手をどの手にするかは，「グー」「チョキ」「パー」から1つ選ぶので，

$_3C_1$〔通り〕

同じ手を出す人を誰にするかは，4人の中から2人を選ぶので，

$_4C_2$〔通り〕

同じ手以外の手を出した2人の手の出し方は，

2！〔通り〕

よって，$_3C_1 \times {}_4C_2 \times 2! = 3 \times \frac{4 \times 3}{2 \times 1} \times 2 = 36$〔通り〕

Step❷ 確率を求める

以上，（ i ），（ii）より，

あいこになるのは，全部で

$3 + 36 = 39$〔通り〕である。

また，手の出し方の総数は，

3^4通りであるから，

あいこになる確率は，

$\frac{39}{3^4} = \frac{13}{27}$となる。

よって，**4**が正答である。

☞確認しよう ➡じゃんけんの問題の解法

正答 4

2 余事象を考える。

Step❶ 余事象（すべてのサイコロの目が異なる確率）を求める

余事象（すべてのサイコロの目が異なる確率）は以下のように考える。

2個目のサイコロは，1個目のサイコロと異なる目が出ればよい。

3個目のサイコロは，1個目，2個目のサイコロと異なる異なる目が出ればよい。

4個目のサイコロは，1個目，2個目，3個目のサイコロと異なる目が出ればよい。

よって，余事象は

$$1\times\frac{5}{6}\times\frac{4}{6}\times\frac{3}{6}=\frac{5}{18}$$

Step❷ 求めたい確率を求める

2個以上のサイコロが同じ目を出す確率は，

$$1-\frac{5}{18}=\frac{13}{18}$$

よって，**5**が正答である。

確認しよう ➡余事象の利用

正答 5

3 確率は「同じものでも区別して考える」。

Step❶ 3枚ともすべて異なる色を取り出す確率Aを求める

3枚ともすべて異なる色を取り出す確率Aは，金色1枚，銀色1枚，銅色1枚を取り出す場合である。

金色4枚の中から金色1枚を選ぶ方法は，${}_4C_1$通り。銀色3枚の中から銀色1枚を選ぶ方法は，${}_3C_1$通り。銅色3枚の中から銅色1枚を選ぶ方法は，${}_3C_1$通りである。

また，10枚の中から3枚を選ぶ方法は${}_{10}C_3$通りであるから，確率Aは，

$$\frac{{}_4C_1\times{}_3C_1\times{}_3C_1}{{}_{10}C_3}=\frac{4\times3\times3}{\frac{10\times9\times8}{3\times2\times1}}=\frac{3}{10}$$

Step❷ 金色2枚，銀色1枚を取り出す確率Bを求める

金色2枚，銀色1枚を取り出す確率Bについて考える。

金色4枚の中から金色2枚を選ぶ方法は，${}_4C_2$通り。銀色3枚の中から銀色1枚を選ぶ方法は，${}_3C_1$通りであるから，確率Bは，

$$\frac{{}_4C_2\times{}_3C_1}{{}_{10}C_3}=\frac{\frac{4\times3}{2\times1}\times3}{\frac{10\times9\times8}{3\times2\times1}}=\frac{3}{20}$$

よって，**5**が正答である。

確認しよう ➡組合せの利用

正答 5

4 1から5の数字で3ケタの整数を作るとき，5の倍数ならば一の位は5となる。

Step❶　全部で何通りの整数ができるのかを求める

1～5の5枚のカードから3枚を取り出して並べる方法は，

$_5P_3 = 5 \times 4 \times 3 = 60$〔通り〕

よって，3ケタの整数は60通りできる。

Step❷　5の倍数になるのが何通りか求め，確率を計算する

1～5の数字を並べて整数を作る場合，これが5の倍数になるためには，一の位を5にしなければならない。すなわち一の位は1通りである。

十の位と百の位は，残りの4枚のカードから2枚取り出して並べればよいから，題意を満たす整数は

$1 \times {}_4P_2 - 1 \times 4 \times 3 - 12$〔通り〕

である。

よって求める確率は，

$$\frac{12}{60} = \frac{1}{5}$$

となり，**2**が正答である。

確認しよう ➡確率の考え方，計算のしかた　　**正答 2**

5 表が何回目に出るかに注意する

Step❶　表が1回だけ出る場合を1つ挙げてみる

例えば，以下のような場合である（表が1回目に出る場合）。

表→裏→裏→裏→裏→裏→裏→裏

表も裏も出る確率は$\frac{1}{2}$であるから，この場合の確率は，

$\left(\frac{1}{2}\right)^8$である。

Step❷　表が何回目に出るかを考慮する

表が出るのは2回目から8回目の間でもよい。何回目が表になるかは全部で${}_8C_1=8$通り（または$\frac{8!}{7!}=8$通り）。

よって，表が1回だけ出る確率は，

$$\left(\frac{1}{2}\right)^8\times 8=\frac{1}{32}$$

したがって，**3**が正答である。

確認しよう ➡反復試行の確率の考え方

正答 3

第4章

図　形

テーマ 18
三角形の性質

重要度

重要問題

次の図で，D，E，Fはそれぞれ辺BC，CA，ADの3等分点である。△ABDと△AFEの面積の比として，最も妥当なのはどれか。

【警視庁・平成29年度】

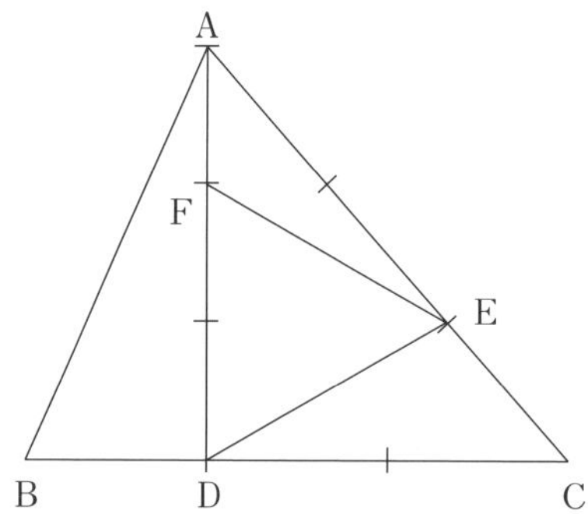

1　3：1
2　5：2
3　7：3
4　9：4
5　2：1

解説

底辺分割定理を利用する（P.193重要ポイント⑤参照）。

Step❶ 底辺分割定理を用いて辺の比から三角形の面積比を順次考える

底辺分割定理より，

$\triangle$ABD：$\triangle$ADC＝BD：DC＝1：2

$\triangle$DCE：$\triangle$DEA＝CE：EA＝1：2

$\triangle$AFE：$\triangle$EFD＝AF：FD＝1：2

Step❷ $\triangle$ABDの面積を1とおいて三角形の面積を順次求める

よって，$\triangle$ABDの面積を1とおくと，

$$\triangle ADC = \triangle ABD \times 2 = 1 \times 2 = 2$$

$$\triangle ADE = \triangle ADC \times \frac{2}{3} = 2 \times \frac{2}{3} = \frac{4}{3}$$

$$\triangle AFE = \triangle ADE \times \frac{1}{3} = \frac{4}{3} \times \frac{1}{3} = \frac{4}{9}$$

よって，$\triangle ABD : \triangle AFE = 1 : \frac{4}{9} = 9 : 4$ より，**4**が正答である。

確認しよう ➡底辺分割定理の利用　　　**正答 4**

FOCUS

三角形の性質は，図形問題のあらゆるところに使われる基本である。

特に重要なのは，角の計算，辺の長さの計算，面積の計算など，計量に関する性質である。「定理」と呼ばれる図形の性質の中で論証に関する部分は，数的推理の分野とは異なるから，ここでは，計量に直結する最小限の基本事項をマスターして，それらを最大限に利用する練習を心掛けよう。

要点のまとめ

重要ポイント 1 三角形の内角の和は180°である。

重要ポイント 2 三平方の定理

△ABCにおいて∠C＝90°のとき

$a^2+b^2=c^2$

である。

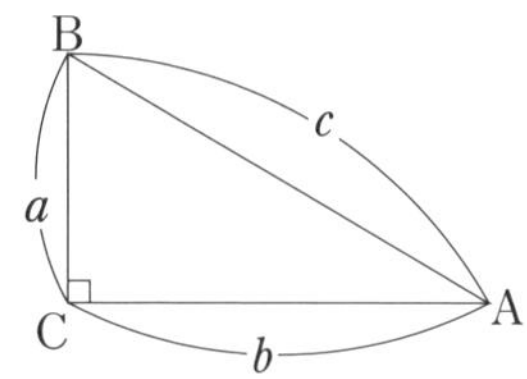

■特殊な直角三角形の辺の比

①内角が30°，60°，90°の直角三角形の辺の比

AC：CB：BA＝1：$\sqrt{3}$：2

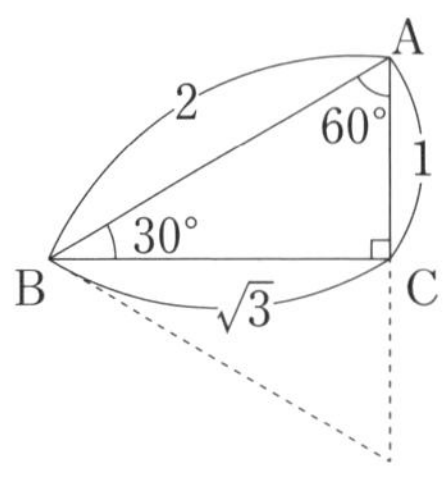

②直角二等辺三角形の辺の比

AC：CB：BA＝1：1：$\sqrt{2}$

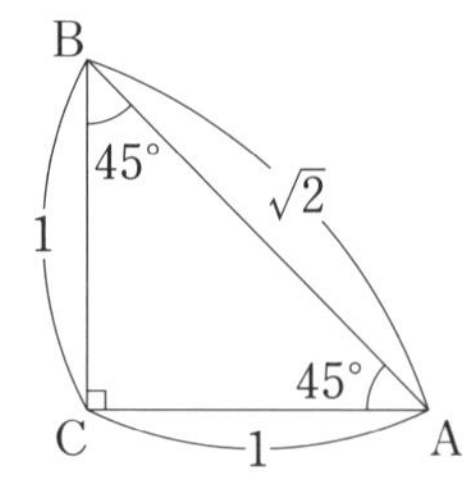

重要ポイント 3 角の二等分線定理

△ABCの∠Aの二等分線が対辺と交わる点をDとすると

BD：DC＝AB：AC

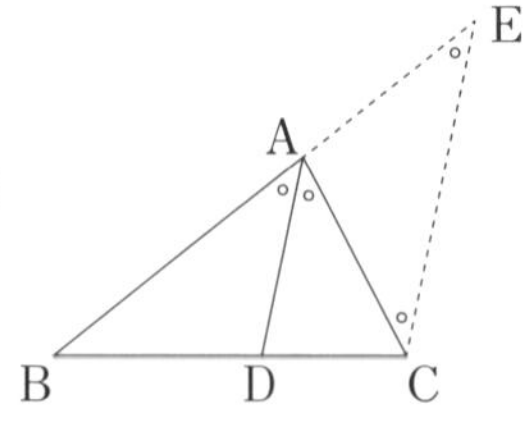

【証明】 Cを通りDAに平行な直線と，BAの延長との交点をEとする。

∠ACE＝∠CAD（錯角）

∠AEC＝∠BAD（同位角）

∠CAD＝∠BADであるから∠ACE＝∠AEC

∴ AE＝AC

AD // EC（ADとECは平行）であるから

BD：DC＝BA：AE＝BA：AC

∴　BD：DC＝AB：AC

重要ポイント 4 三角形の重心

三角形ABCの辺BC，CA，ABの中点をそれぞれP，Q，Rとする。

AP，BQ，CRの交点Gを△ABCの**重心**という。

AG：**GP**＝**BG**：**GQ**＝**CG**：**GR**＝2：1

である。

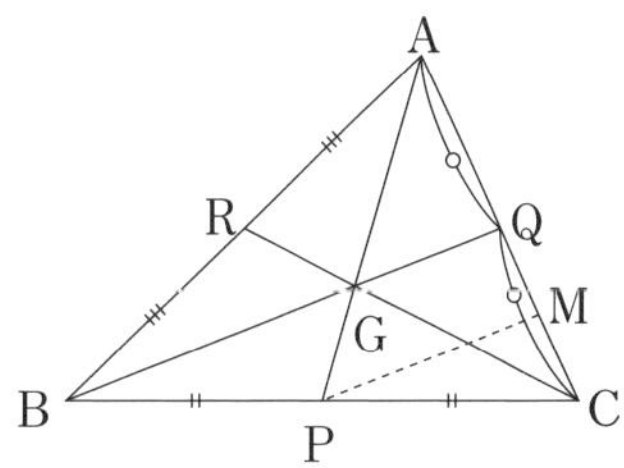

【説明】

Pから，線分BQに平行に引いた直線とCQの交点をMとすると

BP＝PCであるからCM＝MQ

CQ＝QAであるからCM＝MQ＝$\frac{1}{2}$QA

∴　AQ：QM＝2：1

GQ // PMであるから

AG：GP＝AQ：QM＝2：1

同様にBG：GQ＝CG：GR＝2：1

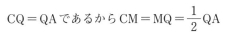

重要ポイント 5 底辺分割定理

△ABDと△ADCの面積比は，高さhが共通であるから，底辺の比が面積比になる。

BD：DC＝a：bのとき，

△ABD：△ADC＝a：b

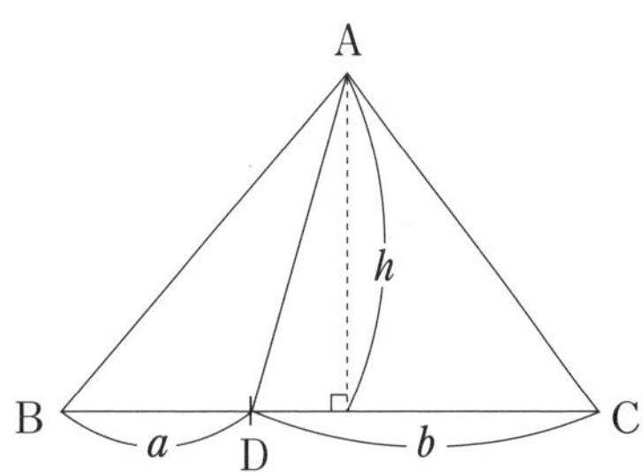

実戦問題

1 A地点から鉄塔の先端部分を見上げると，その仰角は45°であった。その地点から少し遠ざかり，B地点で再び鉄塔の先端を見上げると，仰角は15°となった。B地点から鉄塔までの距離は，A地点から鉄塔までの距離の何倍か。

【警察官・平成13年度】

1 $2\sqrt{2}$
2 $2\sqrt{3}$
3 3
4 $2+2\sqrt{2}$
5 $2+\sqrt{3}$

2 次の図において，AF：FC＝2：5，DC：CB＝1：2，EB＝6cmとするとき，AEの長さとして，正しいのはどれか。

【警視庁・平成23年度】

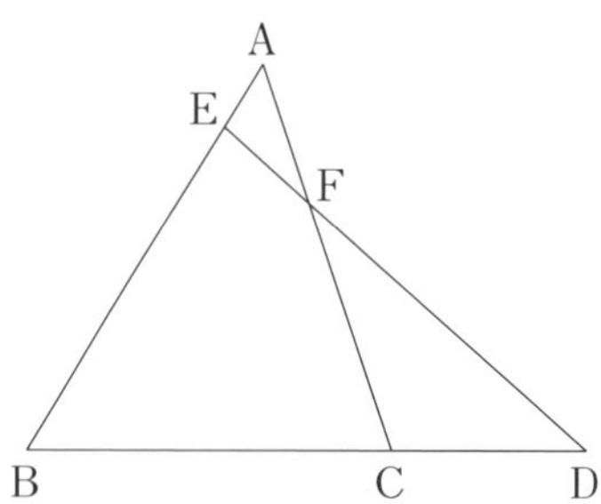

1 0.75cm
2 0.8cm
3 1.0cm
4 1.2cm
5 1.25cm

3 下の△ABCにおいて，ADは∠Aの二等分線，ED // AC，EF // BCとするとき，AFの長さを求めよ。

【地方中級・平成6年度】

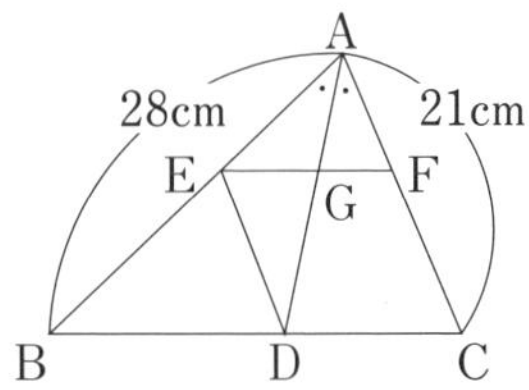

1 5cm
2 7cm
3 9cm
4 11cm
5 13cm

4 図のように，辺の長さの比が3：4となっている長方形がある。この長方形に対角線ACを引き，AC上の点Eから頂点Dに垂線を引いた。このときにできる△ADEの面積が，長方形ABCDの面積に占める割合はいくらか。

【中途採用者・平成23年度】

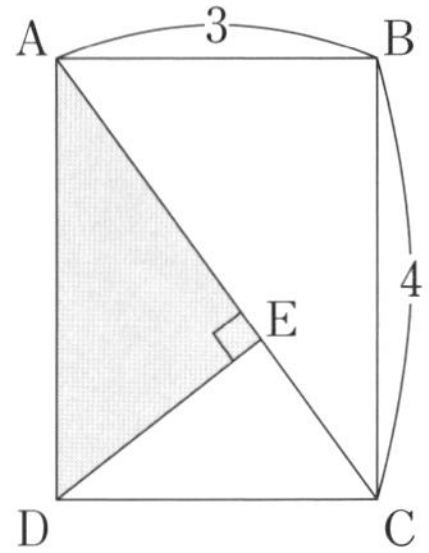

1 28%
2 32%
3 35%
4 38%
5 40%

5 下の図のような，∠A＝90°である直角三角形ABCがある。頂点Aから辺BCに垂線をおろし，辺BCとの交点をDとする。AB＝5cm，BC＝7cmであるとき，ADの長さとして，最も妥当なのはどれか。

【東京消防庁・平成28年度】

1 $4\sqrt{2}$ cm

2 $\dfrac{10\sqrt{6}}{7}$ cm

3 $\dfrac{5\sqrt{3}}{3}$ cm

4 $2\sqrt{6}$ cm

5 $\dfrac{7\sqrt{5}}{4}$ cm

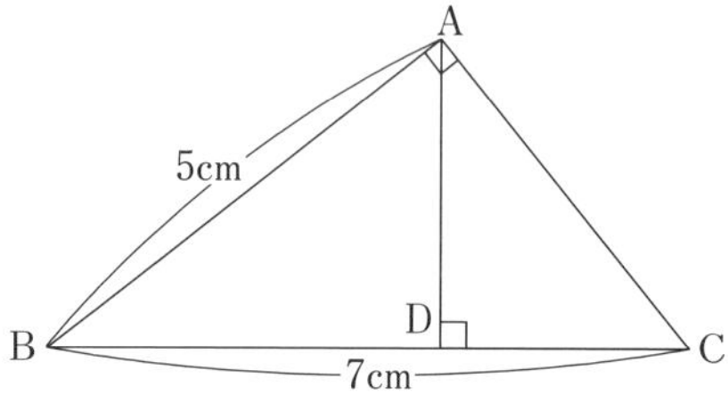

6 下図のように，長方形ABCDを平行線で7等分し，BD間を直線で結んだとき，着色部分アとイの面積の比として，正しいのはどれか。

【東京都・平成27年度】

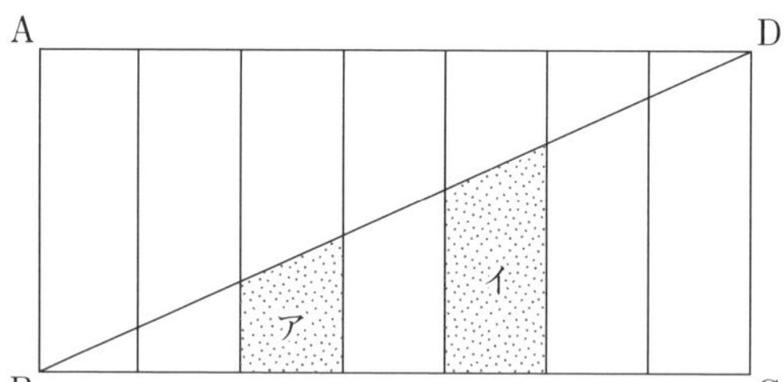

ア：イ

1 3：7

2 4：9

3 1：2

4 5：9

5 4：7

実戦問題●解説

1 補助線を引いて，特殊な三角形；正三角形・二等辺三角形・直角二等辺三角形・内角が30°，60°，90°の直角三角形などを作って利用する。

Step❶ 図の線分**OB**上に∠**PQO**＝30°となる点**Q**をとる

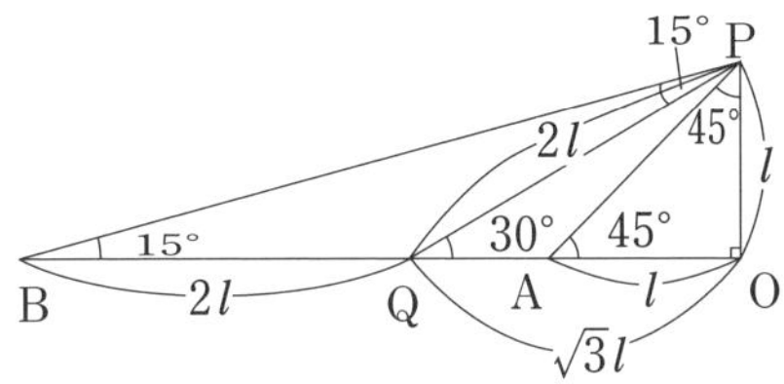

外角定理

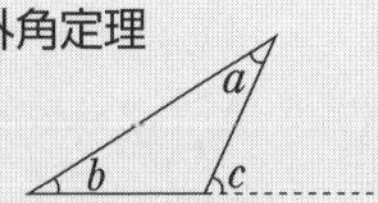

$\angle a + \angle b = \angle c$

線分OB上に∠PQO＝30°となる点Qをとると

△PBQにおいて，外角定理より，

$\angle BPQ + \angle PBQ = \angle PQO$

であるから

$\angle BPQ = \angle PQO - \angle PBQ = 30° - 15° = 15°$

よって，△PBQはPQ＝BQの二等辺三角形である。

Step❷ **OP**＝lとして，**OA**，**OB**をlで表す

OP＝lとするとOA＝OP＝l

△OPQは∠PQO＝30°の直角三角形であるから

$PQ = 2l, \quad OQ = \sqrt{3}\,l$

BQ＝PQであるからBQ＝$2l$

Step❸ 長さの和を求める

$OB = BQ + OQ = 2l + \sqrt{3}\,l = (2+\sqrt{3})l, \quad OA = l$

であるから

$OB : OA = (2+\sqrt{3})l : l = (2+\sqrt{3}) : 1$

よって，OBはOAの$(2+\sqrt{3})$倍となり，**5**が正答である。

☞確認しよう ➡補助線の利用　　**正答 5**

2 三角形の相似が利用できるように補助線を引く。

Step❶　線分ABと平行になるように点Cから直線を引く

右図のように，線分ABと平行になるように，点CからEDに線を引き，交点をGとする。

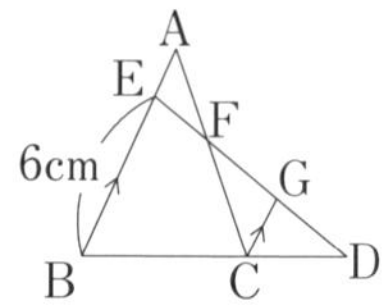

Step❷　三角形の相似を使って長さを求める

△DCGと△DBEは相似なので

DC：DB＝CG：BE

1：3＝CG：6

3CG＝6　　∴　CG＝2〔cm〕

また，△AEFと△CGFは相似なので，

AE：CG＝AF：CF

AE：2＝2：5

5AE＝4　　∴　AE＝$\frac{4}{5}$＝0.8〔cm〕

よって，**2**が正答である。

確認しよう ➡補助線の引き方。相似を利用した長さの求め方　　**正答 2**

3 線分ADは∠Aの二等分線であるからBD：DC＝AB：ACである。

Step❶　角の二等分線定理よりAF：FCの比を求める

線分ADは∠Aの二等分線であるから，角の二等分線定理より，

BD：DC＝AB：AC＝28：21＝4：3

BD：DC＝4：3でED∥AC（条件）であるから

BE：EA＝BD：DC＝4：3

また，EF∥BCであるから

CF：FA＝BE：EA＝4：3

∴　AF：FC＝3：4

Step❷　AFの長さを求める

AC＝21〔cm〕であるから

AF＝$\frac{3}{3+4}$×21＝9〔cm〕

よって，**3**が正答である。

確認しよう ➡△ABCの∠Aの二等分線と対辺の交点をDとすると
BD：DC＝AB：AC

正答 3

4 △ABCと△A′B′C′が相似であるとき，
AB：A′B′＝BC：B′C′＝CA：C′A′
が成り立つ。

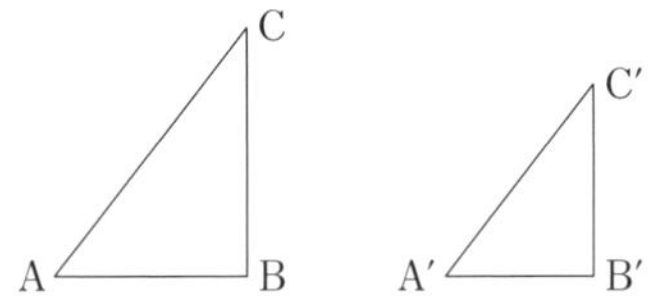

Step❶ 三平方の定理より，対角線の長さを求める

ABとBCの辺の長さの比が3：4であるから，AB＝3，BC＝4とおく。

△ABCは直角三角形なので，三平方の定理より，

$AC^2 = 3^2 + 4^2 = 25 \quad \therefore \quad AC = 5$

である。

Step❷ DEとAEの長さを求める

∠DAE＝∠ACB（錯角）により，△DEAと△ABCは2つの角が等しいので相似である。

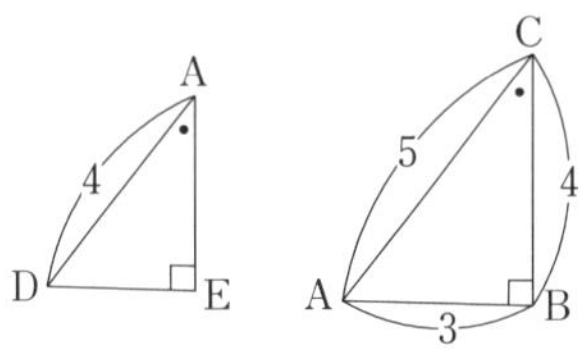

AD：CA＝DE：ABより，

4：5＝DE：3

$5DE = 12 \quad \therefore \quad DE = \dfrac{12}{5}$

また，AD：CA＝AE：CBであるから，

4：5＝AE：4

$5AE = 16 \quad \therefore \quad AE = \dfrac{16}{5}$

Step❸ 面積を比較する

長方形ABCDの面積は，

$3 \times 4 = 12$

△ADEの面積は，

$\dfrac{12}{5} \times \dfrac{16}{5} \times \dfrac{1}{2} = \dfrac{96}{25}$

よって，$\triangle$ADEの面積が長方形ABCDの面積に占める割合は，

$$\frac{96}{25} \div 12 = \frac{8}{25} = 0.32 = 32〔\%〕$$

よって，**2**が正答である。

確認しよう ➡相似な三角形の対応する辺の比

正答 2

5 $\triangle$**ABD**と$\triangle$**CBA**が相似であることを利用する。

Step❶ 三平方の定理を利用してACの長さを求める

$\triangle$ABCにおいて，三平方の定理より，

$BC^2 = AB^2 + AC^2$であるから，

$7^2 = 5^2 + AC^2$

$AC^2 = 24$

$\therefore \quad AC = \sqrt{24} = 2\sqrt{6}$

Step❷ $\triangle$ABD∽$\triangle$CBAであることを利用してADの長さを求める

ここで，$\triangle$ABD∽$\triangle$CBAより，

AB：AD＝BC：ACであるから，

$5 : AD = 7 : 2\sqrt{6}$

$7AD = 10\sqrt{6}$

$\therefore \quad AD = \dfrac{10\sqrt{6}}{7}$

よって，**2**が正答である。

確認しよう ➡三平方の定理と相似の利用

正答 2

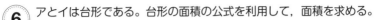

6 アとイは台形である。台形の面積の公式を利用して，面積を求める。

Step❶ アとイの各辺の長さを相似を利用して文字でおく

アとイはどちらも台形である。

△BEF∽△BGHより，

BE：BG＝EF：GHであるから，

図のEFの長さをxとおくと

GH＝$2x$

同様にして，

IJ＝$3x$，KL＝$4x$，MN＝$5x$

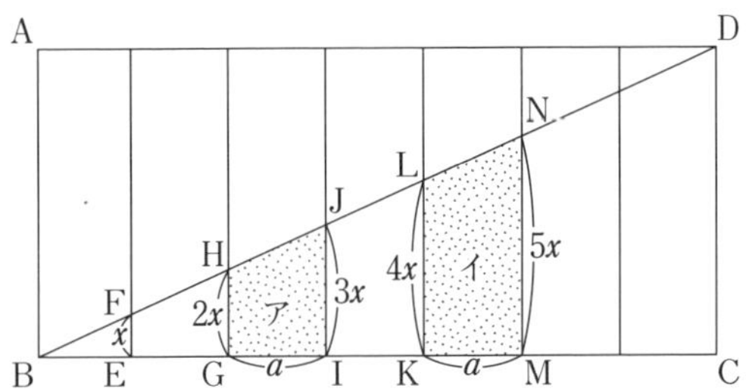

Step❷ アとイの面積を求める

台形の面積は，(上底＋下底)×(高さ)÷2より，

GI＝KM＝aとおくと，

アの部分の面積は，

$$(2x+3x)\times a\div 2=\frac{5ax}{2}$$

イの部分の面積は，

$$(4x+5x)\times a\div 2=\frac{9ax}{2}$$

よって，アとイの面積の比は，

$$\frac{5ax}{2}:\frac{9ax}{2}$$

両辺を$\frac{2}{ax}$倍して

5：9

よって，**4**が正答である。

確認しよう ➡相似の利用と台形の面積　　**正答 4**

テーマ19 多角形

重要度

重要問題

一方の対角線が他方より3cm長いひし形Aがある。このひし形Aの面積が77cm^{2}であるとき，ひし形Aの短いほうの対角線の長さとして，正しいのはどれか。

【警視庁・平成25年度】

1 7cm
2 10cm
3 11cm
4 13cm
5 14cm

解説

ひし形の面積は，(対角線)×(対角線)÷2。

Step❶ 短いほうの対角線の長さをxとおいて，ひし形の面積をxを用いて表す

短いほうの対角線の長さをxとおくと，長いほうの対角線の長さは$x+3$である。

ひし形の面積は，「(対角線)×(対角線)÷2」より，

$x\times(x+3)\div 2$

これが77cm^{2}であるから，

$x\times(x+3)\div 2=77$〔cm^2〕

Step❷ 式を整理する

両辺を2倍して式を展開すると，

$x^2+3x-154=0$

$(x-11)(x+14)=0$

$x>0$より，$x=11$〔cm〕

よって，**3**が正答である。

確認しよう ➡ひし形の面積

正答 3

FOCUS

多角形の範囲の出題は，複雑な角度を求める問題があり，また面積や辺の長さを求める問題では台形，平行四辺形，ひし形が多い。与えられた図を見て，シンプルな形の図や式に置き換える工夫が大切である。

要点のまとめ

重要ポイント1 角度の和

複雑な多角形の角度の和を求めるには，補助線をうまく利用するとよい。

〔例〕　下図の∠aから∠eの和を求める。

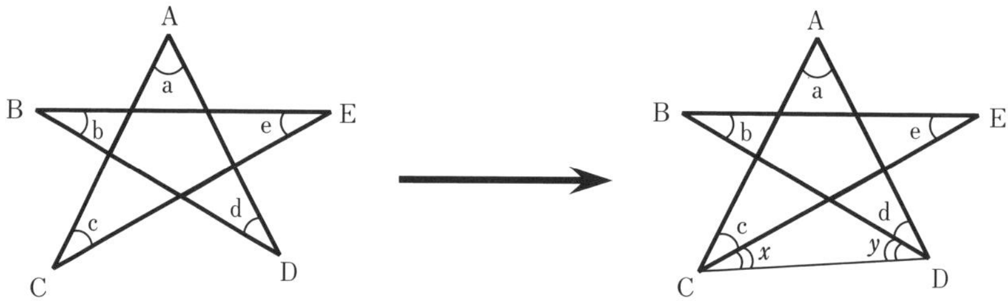

頂点CとDを結ぶ。∠b＋∠e＝∠x＋∠yにより

　∠a＋∠b＋∠c＋∠d＋∠e

＝∠a＋∠c＋∠d＋∠x＋∠y

＝△ACDの内角

よって，求める和は180°である。

重要ポイント2 平行四辺形

定義	2組の対辺がそれぞれ平行（**AB // DC，AD // BC**）
性質	①　**AB＝DC，AD＝BC** ②　**AB // DC，AB＝DC** ③　対角線は中点で交わる
面積	$S = ah$

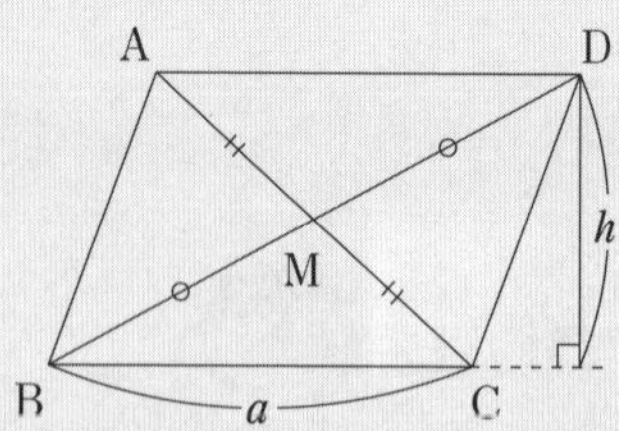

重要ポイント 3 ひし形

定義　4辺が等しい

性質
① 対角線は直交する（AC ⊥ BD）
② 対角線は頂角を二等分する

面積
$S=$（対角線）×（対角線）÷2
$=\dfrac{ab}{2}$

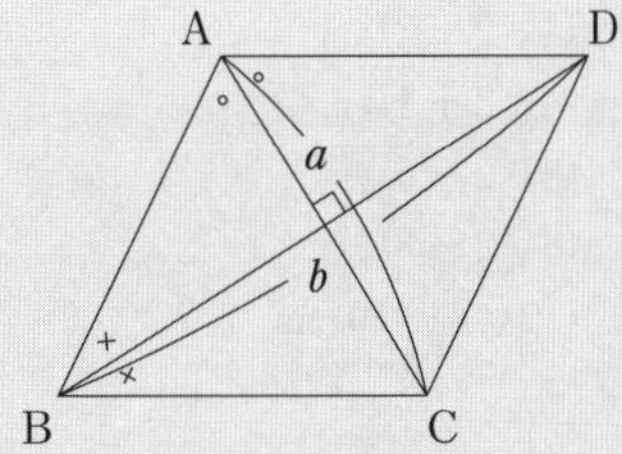

重要ポイント 4 台形

定義　1組の対辺が平行（AD // BC）

面積　平行な2辺を a, b, 高さを h とすると
$S=\dfrac{1}{2}(a+b)h$　（AD, BC を底辺という）

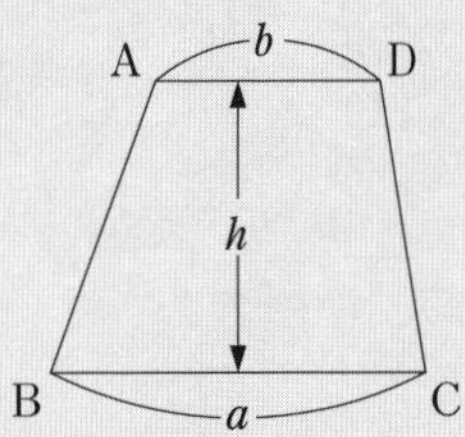

実戦問題

1 1辺の長さ2cmの正方形が2つある。一方を中心の周りに45°回転して，図のように重ね合わせたとき，二重になっている部分の正八角形の面積として正しいものは，次のうちどれか。

【地方初級・平成4年度】

1 $(4\sqrt{2}-1)\,\mathrm{cm}^2$
2 $(4\sqrt{2}+1)\,\mathrm{cm}^2$
3 $(8\sqrt{2}-6)\,\mathrm{cm}^2$
4 $(8\sqrt{2}-8)\,\mathrm{cm}^2$
5 $(12\sqrt{2}-10)\,\mathrm{cm}^2$

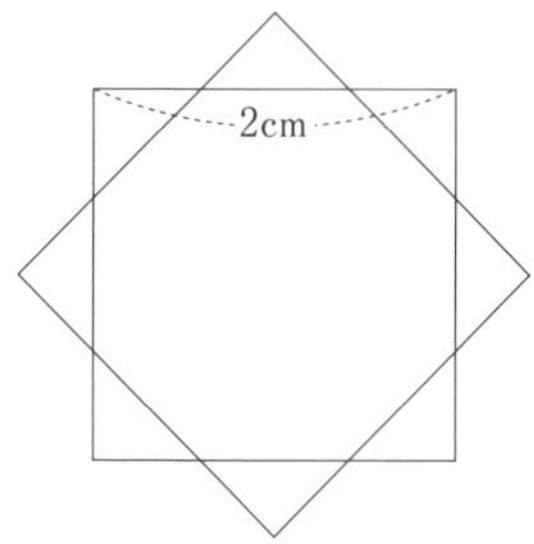

2 下の図において，∠A～∠Iの9つの角度をすべて足したときの合計として，正しいのはどれか。

【東京都・令和2年度】

1 540°
2 630°
3 720°
4 810°
5 900°

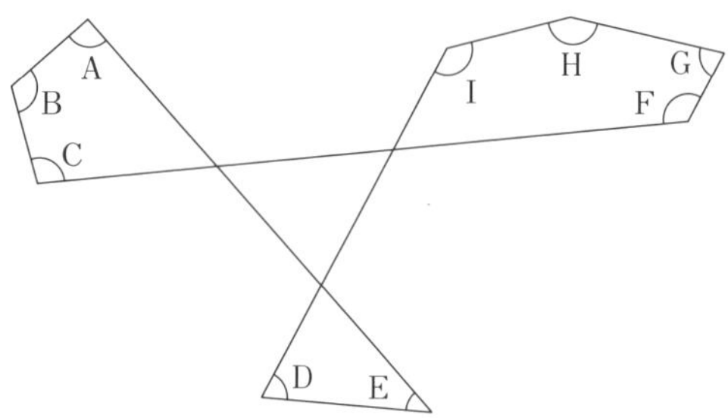

3 図のような正方形の折り紙がある。これを半分の折り目をつけ，さらに図のように折ったとき，aの角度は何度か。

【地方初級・平成14年度】

1 68°
2 70°
3 72°
4 75°
5 80°

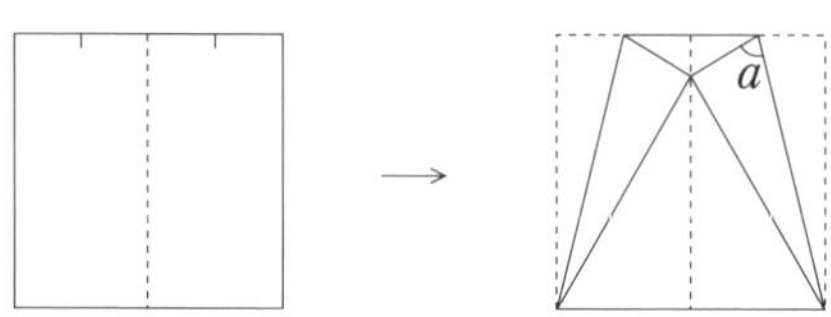

4 次の図のように直線PQ上に直角二等辺三角形ABCと正方形DEFGがある。三角形ABCを直線PQと底辺BCが接したまま矢印の方向に動かしていったとき，三角形と正方形の重なる面積が2回目に7cm^{2}になるのは何cm動かしたときか。

【国家Ⅲ種・平成9年度】

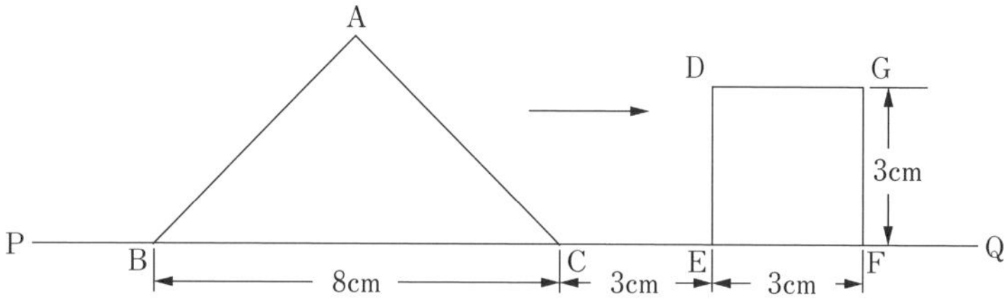

1 7cm
2 8cm
3 9cm
4 10cm
5 11cm

5 下図のように，1辺の長さaの正方形ABCDの対角線の交点に，1辺の長さ$2a$の正方形EFGHの頂点Eを合わせて重ねたとき，この2つの正方形によってつくられる太線で囲まれた部分の面積として，正しいのはどれか。

【東京都・平成21年度】

1 $\frac{9a^2}{2}$

2 $\frac{19a^2}{4}$

3 $\frac{29a^2}{6}$

4 $\frac{39a^2}{8}$

5 $\frac{49a^2}{10}$

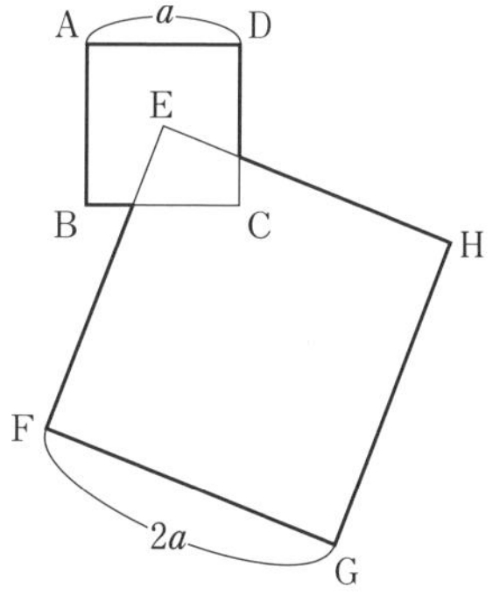

実戦問題●解説

1 図において，**AB＝2〔cm〕，AC＝CP＝DP＝DB**である。

Step❶　辺の比を用いて辺の長さを求める

右図のように点A，B，C，D，Pをとる。

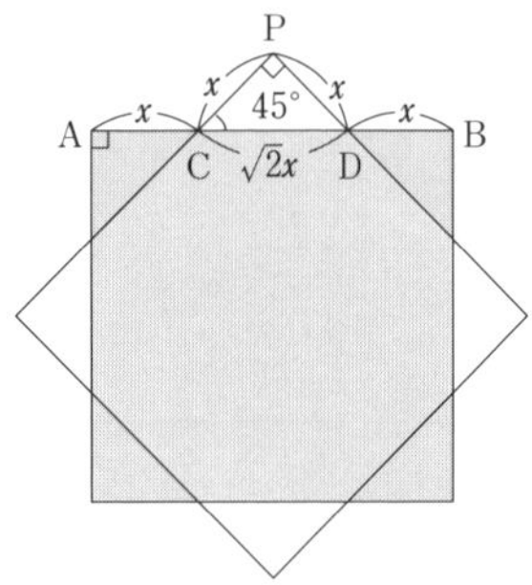

図において，AC＝x〔cm〕とすると

AC＝CP＝DP＝DB＝x〔cm〕

△PCDは直角二等辺三角形であるから，

CD＝$\sqrt{2}x$〔cm〕

AB＝2〔cm〕であるから

AB＝AC＋CD＋DB＝2〔cm〕

$x+\sqrt{2}x+x=2$

$(2+\sqrt{2})x=2$

$$\therefore\quad x=\frac{2}{2+\sqrt{2}}=\frac{2(2-\sqrt{2})}{(2+\sqrt{2})(2-\sqrt{2})}=\frac{2(2-\sqrt{2})}{2}=2-\sqrt{2}$$

Step❷　公式を用いて面積を求める

$$\triangle \mathrm{PCD}=\frac{1}{2}\times \mathrm{PC}\times \mathrm{PD}=\frac{1}{2}(2-\sqrt{2})^2=\frac{1}{2}(6-4\sqrt{2})=3-2\sqrt{2}$$

Step❸　正八角形の面積を求める

正八角形の面積は，1辺が2cmの正方形から△PCDの4個分を引く

$4-4(3-2\sqrt{2})=8\sqrt{2}-8$〔$\mathrm{cm}^2$〕

よって，**4**が正答である。

確認しよう ➡直角二等辺三角形の辺の比と面積　　**正答 4**

2 n角形の内角の和は，$(n-2)\times180°$である。

Step❶　多角形の内角の和から∠x，∠y，∠zに関する式を作る

右の図のように∠x，∠y，∠zをおく。

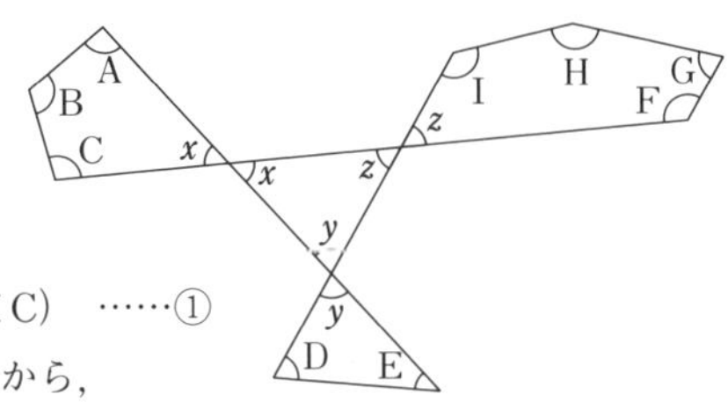

三角形の内角の和は180°であるから，

∠x＝360°－(∠A＋∠B＋∠C)　……①

四角形の内角の和は360°であるから，

∠y＝180°－(∠D＋∠E)　……②

五角形の内角の和は540°であるから，

$\angle z = 540° - (\angle F + \angle G + \angle H + \angle I)$ ……③

Step❷ ①，②，③の式の和を計算する

①＋②＋③より，

$\angle x + \angle y + \angle z = 360° - (\angle A + \angle B + \angle C) + 180° - (\angle D + \angle E) + 540° - (\angle F + \angle G + \angle H + \angle I)$

また，$\angle x + \angle y + \angle z = 180°$ より，

$180° = 1080° - (\angle A + \angle B + \angle C + \angle D + \angle E + \angle F + \angle G + \angle H + \angle I)$

よって，$\angle A + \angle B + \angle C + \angle D + \angle E + \angle F + \angle G + \angle H + \angle I = 900°$

したがって，**5**が正答である。

確認しよう ➡多角形の内角の和の利用　**正答 5**

3 図において，**A**，**D**が折り返されて重なった点を**P**とすると△**PBC**は正三角形である。

Step❶ 図において∠**PCE**＝15°を導く

右図のように正方形の折り紙をABCDとし，A，Dが折り返されて重なった点をP，折り返してできたAD上の点をE，Fとする。

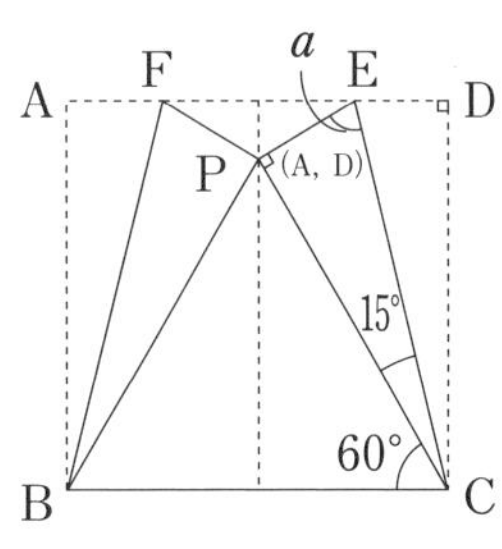

PB，PCは正方形の辺AB，DCを折り返して得られた線分であるから

PB＝PC＝BC　(正方形の辺)

よって，△PBCは正三角形であるから

$\angle PCB = 60°$，$\angle PCD = 30°$

$\angle PCE = \frac{1}{2}\angle PCD = \frac{1}{2} \times 30° = 15°$

Step❷ aを求める

△CEPにおいて

$\angle EPC = \angle EDC = 90°$

であるから

$a = 90° - \angle ECP = 90° - 15° = 75°$

となり，**4**が正答である。

確認しよう ➡折り返しによって変わらない量　**正答 4**

4 正方形**DEFG**の面積は9**cm²**なので，重なる部分が三角形のとき，その面積は$\frac{9}{2}$**cm²**以下であるから7**cm²**になることはない。

重なる部分が五角形になるとき，正方形の内側で三角形と重なっていない部分は三角形であるから，この三角形で考える。

Step❶ 動かした距離が3～6cmのとき，重なった部分は三角形

このとき，重なった部分の面積は$\frac{9}{2}$cm²以下であるから，7cm²になることはない。

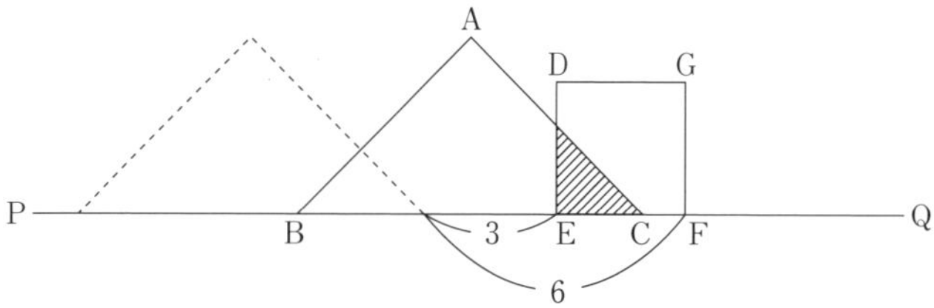

Step❷ 動かした距離が6～9cmのとき，重なった部分は五角形

この五角形の面積が7cm²のとき，正方形の内部で重なっていない部分は，図の△GMNであり

△GMN＝9－7＝2〔cm²〕

となればよい。

このとき，GM＝GN＝2〔cm〕，MF＝FC＝1〔cm〕より，1回目は

(動いた距離)＝7〔cm〕のときである

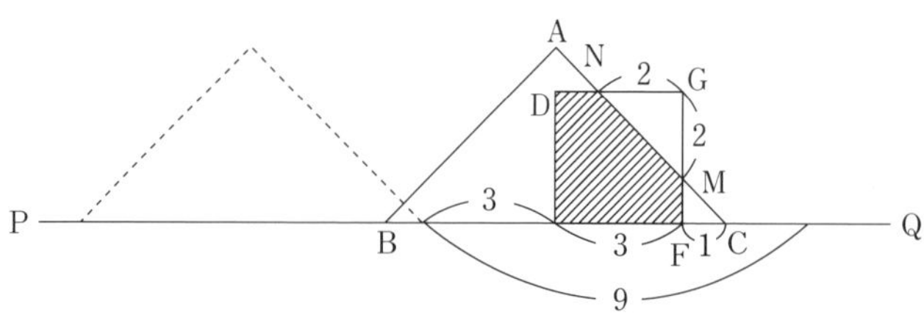

Step❸ 2回目に重なった部分の面積が7**cm²**になる場合を求める

DM＝DN＝2〔cm〕，ME＝BE＝1〔cm〕であるから，Bの移動で測ると

(動いた距離)＝10〔cm〕である

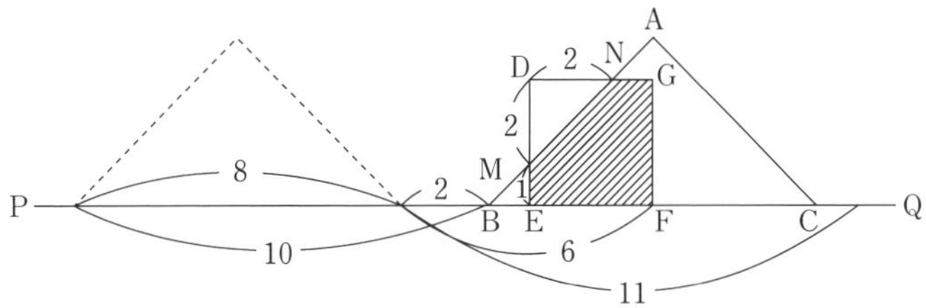

よって，**4**が正答である。

確認しよう ➡計量問題はなるべく簡単な図形に帰着させる　**正答 4**

5 正方形が重なっている部分の面積を求めやすくするために，大きい正方形を小さいほうと平行になるように移動させる。

Step❶ 正方形が重なっている部分に注目し，大きい正方形を移動する

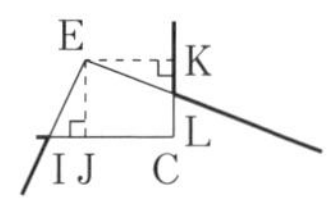

正方形が重なっている部分だけ切り取って右図のように考える。

△EIJと△ELKにおいて

$$\mathrm{EJ}=\mathrm{EK}=\frac{a}{2}$$

$$\angle \mathrm{IEJ}=\angle \mathrm{LEK}=90°-\angle \mathrm{JEL}$$

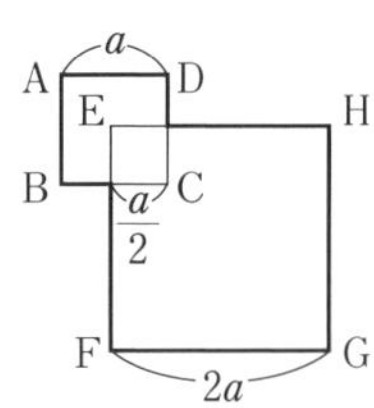

よって，△EIJと△ELKは合同であるから，右のように大きい正方形を移動しても重なる部分の面積は同じである。

Step❷ 面積を求める

面積は，(正方形EFGH)＋(正方形ABCD)－(重なっている正方形)で求められるから，

$$(2a)^2+a^2-\left(\frac{a}{2}\right)^2=4a^2+a^2-\frac{a^2}{4}=\frac{19a^2}{4}$$

よって，**2**が正答である。

確認しよう ➡合同な図形を使った，図形の移動のしかた　**正答 2**

テーマ 20

円と扇形

重要度

重要問題

次の図のように，1辺の長さが10cmの正三角形ABCに，辺BCを直径とする半円を描いたとき，斜線部の面積はどれか。ただし，円周率はπとする。

【特別区・令和2年度】

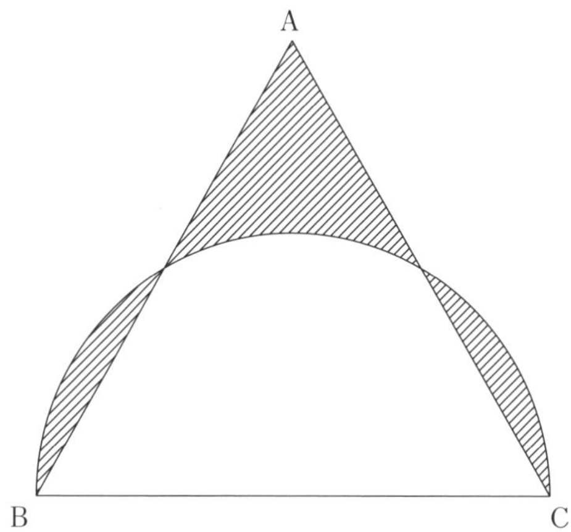

1 $\frac{25}{2}\sqrt{3}-\frac{25}{6}\pi\ \mathrm{cm}^2$

2 $\frac{25}{4}\sqrt{3}\mathrm{cm}^2$

3 $\frac{5}{3}\pi\ \mathrm{cm}^2$

4 $\frac{25}{6}\pi\ \mathrm{cm}^2$

5 $\frac{50}{3}\pi\ \mathrm{cm}^2$

解説

等積変形（面積の大きさを変えないで形を変えること）の利用。

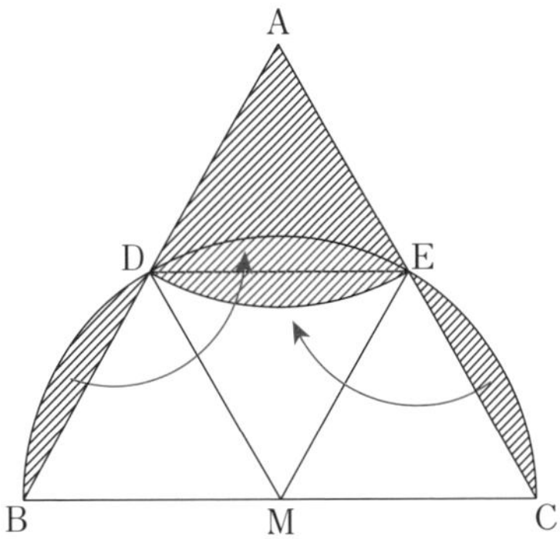

Step❶ 点を設定する

右の図のように点M（点Mは半円の中心），点D，点Eをとる。

MD＝MBより，∠MDB＝∠MBD＝60°

よって，∠BMD＝60°となり，△BDMは正三角形となる。

同様にして，△CEMも正三角形である。

したがって，点Dは辺ABの中点，点Eは辺ACの中点となる。

Step❷ 等積変形を行う

ここで上の図のように等積変形を行うと，求める斜線部の面積は，半径5cm，中心角60°の扇形ADEの面積になる。

よって，求める面積は，

$$5\times5\times\pi\times\frac{60}{360}=\frac{25}{6}\pi\ 〔\mathrm{cm}^2〕$$

したがって，**4**が正答である。

確認しよう ➡等積変形の利用　　**正答 4**

FOCUS

円・扇形と三角形，四角形の関連問題は，図形の中でも出題率の高い分野である。

直線図形と組み合わされた形で出題されるから，与えられた図をよく見て，求めやすい方法を選ぶことが大切である。

要点のまとめ

重要ポイント❶ 円と扇形

■半径rの円

面積$=\pi r^2$

円周の長さ$=2\pi r$

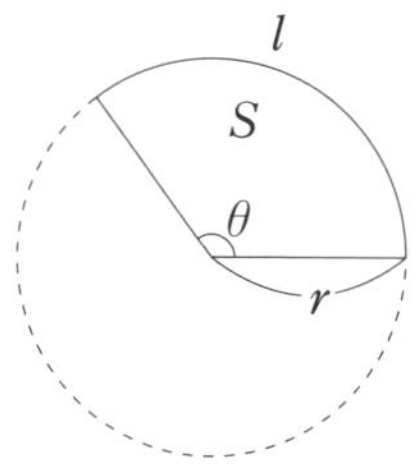

■半径r，中心角θ°の扇形

面積$S=\dfrac{\theta}{360}\times\pi r^2$

弧の長さ$l=\dfrac{\theta}{360}\times 2\pi r$

重要ポイント❷ 接線

■円周上の点**T**における接線は，半径**OT**と垂直である。

$\mathbf{OT}\perp l$

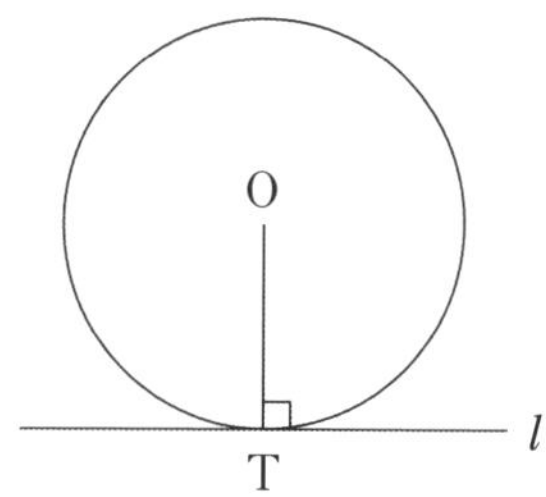

■弦**AB**と，**A**における接線のなす角θは，その角内にある弧（太線）に対する円周角∠**APB**に等しい。

$\angle\mathbf{APB}=\theta$

【説明】 AQを直径とすると

$\theta+\alpha=90^\circ$ ……①

∠ABQ（直径の上に立つ円周角）$=90^\circ$

であるから

$\angle AQB+\alpha=90^\circ$ ……②

①，②から　$\angle AQB=\theta$

$\therefore$　$\angle APB=\angle AQB=\theta$

（同じ弧に対する円周角）

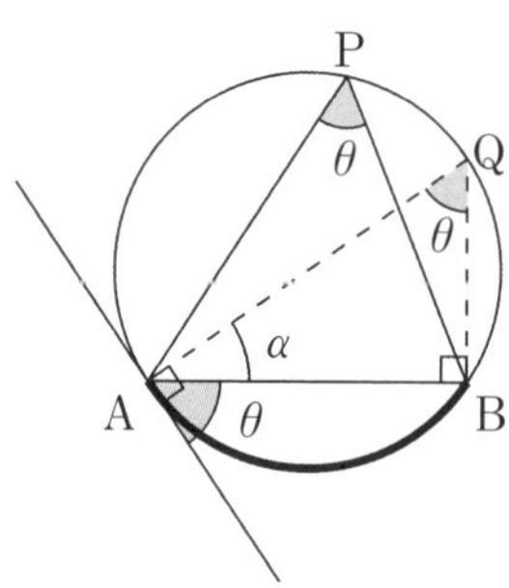

重要ポイント 3 円に内接する四角形

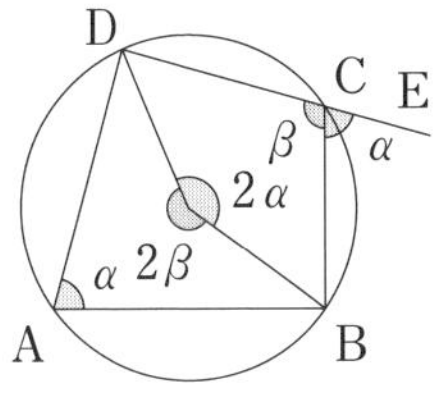

■円に内接する四角形の対角の和は180°である。

【説明】 一つの弧に対する中心角は，円周角の2倍である。

$2\alpha + 2\beta = 360°$　　∴　$\alpha + \beta = 180°$

■円に内接する四角形の外角は，内対角に等しい。

$\angle \mathbf{BCE} = \alpha$

【説明】 $\alpha + \beta = 180°$

また，$\angle \mathrm{BCE} + \beta = 180°$　　∴　$\angle \mathrm{BCE} = \alpha$

いずれも，定理として覚えるよりも，どの量がどの量と等しいかというとらえ方で覚えておこう。

重要ポイント 4 円周角の定理

■1つの弧に対する円周角の大きさは，その弧に対する中心角の半分である。

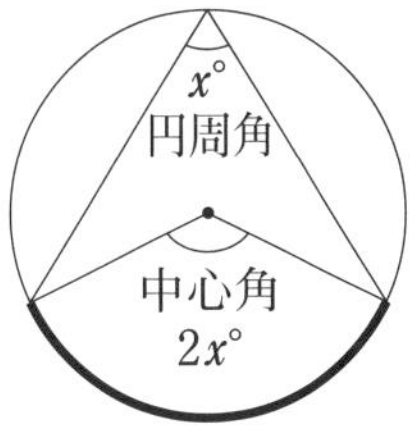

■同じ弧に対する円周角の大きさは等しい。

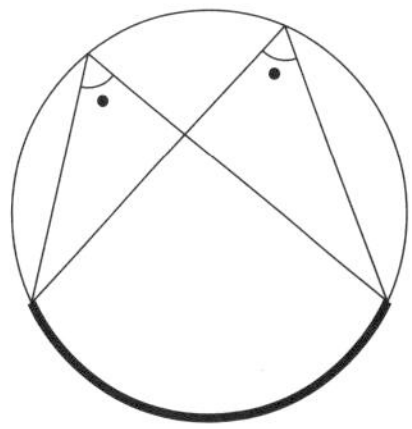

実戦問題

1 図のような1辺の長さが$2r$の正方形ABCDがある。この正方形において，辺BCおよび辺CDを直径とする円および辺AEを半径とする円を描くとき，斜線部分の面積として正しいのは，次のうちどれか。ただし，円周率をπとする。

【東京都・平成10年度】

1 $\frac{1+\pi}{12}r^2$　2 $\frac{1+\pi}{18}r^2$

3 $\frac{1+\pi}{4}r^2$　4 $\left(2-\frac{\pi}{4}\right)r^2$

5 $\left(2-\frac{\pi}{8}\right)r^2$

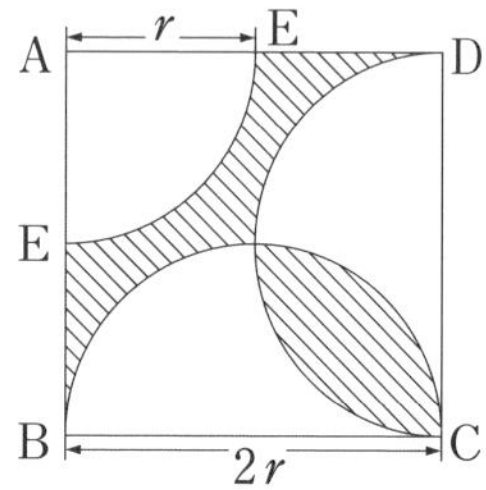

2 図は，1辺$4a$の正方形の中に，等しい大きさの円を4つ書き入れたものである。このとき斜線をつけた部分の面積として正しいものは次のうちどれか。

【警視庁・平成14年度】

1 $4\pi a^2$
2 $4\sqrt{2}\pi a^2$
3 $8a^2$
4 $8\pi a^2$
5 $8\sqrt{2}\pi a^2$

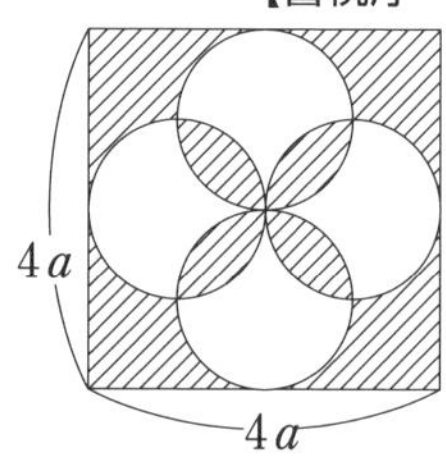

3 図のように，頂点Cを直角とする直角三角形ABCに円aが内接し，円aに外接する円bが辺ABおよび辺ACに接しており，∠Bの角度が30°であるとき，円aの面積に対する円bの面積の比率として，正しいのはどれか。

【地方初級・平成18年度】

1 $\frac{1}{9}$　2 $\frac{1}{10}$

3 $\frac{1}{12}$　4 $\frac{\sqrt{3}}{12}$

5 $\frac{\sqrt{3}}{15}$

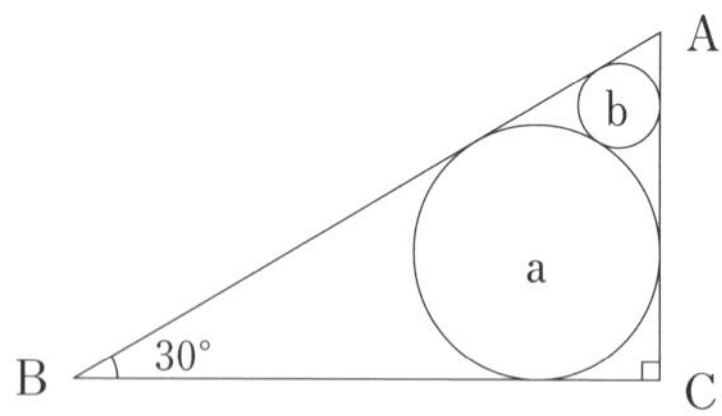

4 図のように，半径r，中心角90°の扇形が，直線上を直線と接しながら，滑ることなく矢印の方向に1回転するとき，扇形の頂点Pが描く軌跡の長さとして，正しいのはどれか。ただし，円周率はπとする。

【地方初級・平成19年度】

1 πr　　2 $\frac{3}{2}\pi r$

3 $2\pi r$　　4 $\frac{5}{2}\pi r$

5 $3\pi r$

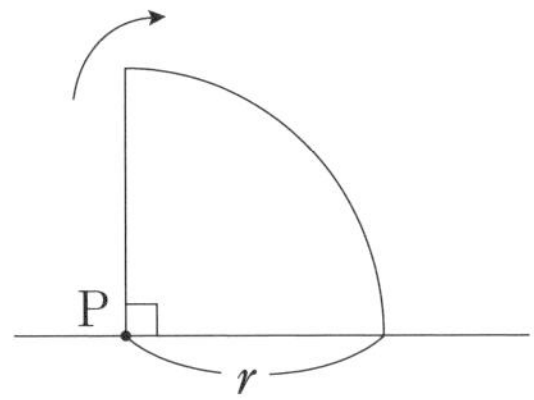

5 下図のように，1辺の長さが8cmの正方形ABCDの中に，辺AB，辺BC，辺CDおよび辺DAを直径とする半円を描いたとき，斜線部分の面積の和として，正しいのはどれか。ただし，円周率はπとし，辺AB，辺BC，辺CDおよび辺DAの中点をそれぞれE，F，GおよびHとする。

【東京都・平成27年度】

1 $(8-\pi)\,cm^2$
2 $4(4-\pi)\,cm^2$
3 $4(16-\pi)\,cm^2$
4 $16(4-\pi)\,cm^2$
5 $16(8-\pi)\,cm^2$

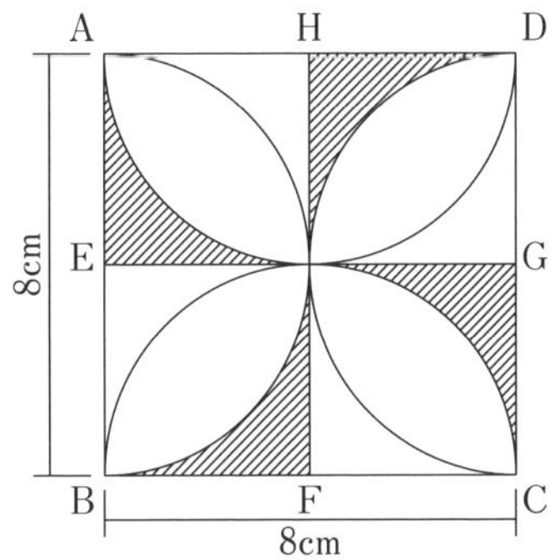

6 次の図のように，半径2cm，中心角90°の扇形BACと半径2cm，中心角90°の扇形CBDの内部に，BCを直径とする半円があるとき，斜線部分の面積はどれか。ただし，円周率はπとする。

【特別区・平成27年度】

1 $\frac{5}{6}\pi-\sqrt{3}\,cm^2$　　2 $\frac{5}{6}\pi+\sqrt{3}\,cm^2$

3 $\frac{5}{6}\pi-\frac{1}{2}\sqrt{3}\,cm^2$　　4 $\frac{1}{3}\pi+\sqrt{3}\,cm^2$

5 $\frac{1}{3}\pi-\sqrt{3}\,cm^2$

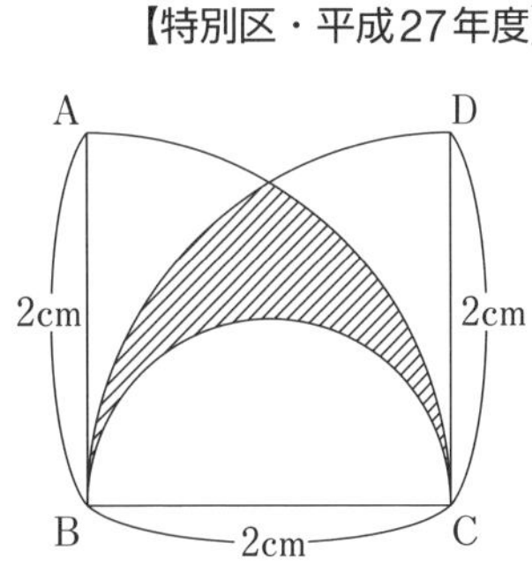

第4章 図形

7 AB＝90cm，BC＝150cm，AC＝120cmの三角形の外接円の半径と内接円の半径の差はどれか。

【警視庁・平成21年度】

1 30cm
2 35cm
3 40cm
4 45cm
5 50cm

8 次の図のように，半径10の円に正方形が内接し，さらにその正方形の2辺に接し，相互に外接する2つの等しい大きさの小円がある。この小円の半径として正しいのはどれか。

【警視庁・平成27年度（改題）】

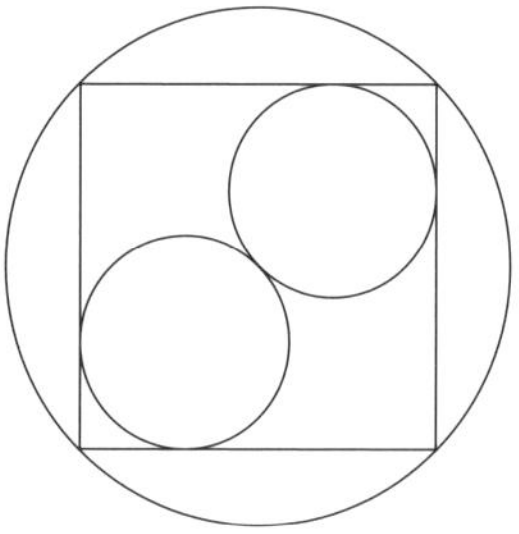

1 5
2 $10(\sqrt{2}-1)$
3 $10(\sqrt{3}-1)$
4 $10(\sqrt{2}-2)$
5 $20(\sqrt{2}-1)$

実戦問題●解説

1 図1において，斜線をつけた2つの部分の面積は等しい。

Step❶　図1で等しい面積がどこかを検討する

図1の①の部分，②の部分を矢印で示した位置に移すと図2の斜線部分の面積を求めることに帰着する。

図1

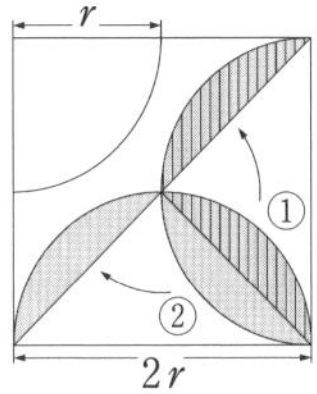

図2

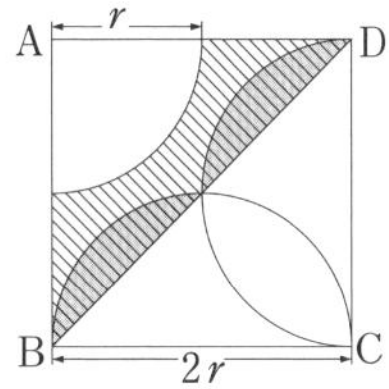

Step❷　図2の斜線部分を求める

(直角二等辺三角形ABD)－(半径rの四分円)

$$=\frac{1}{2}\times 2r\times 2r-\frac{1}{4}\times\pi r^2$$

$$=2r^2-\frac{\pi}{4}r^2$$

$$=\left(2-\frac{\pi}{4}\right)r^2$$

となる。

よって，**4**が正答である。

確認しよう ➡半径の等しい円において，弦の長さが等しい弓形の面積は等しい

正答 4

2 図形の移動によって，面積を求めやすい形にする。

Step❶　図1の①②の移動により1つの三角形になる

①②の移動により，もとの正方形の左上の$\frac{1}{4}$の部分にある斜線部分は1つの直角二等辺三角形にまとめられる(図1)。

図1

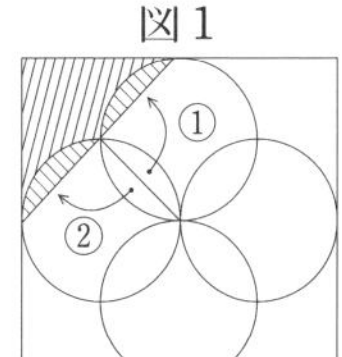

Step❷　面積を求める

上と同じような移動により，斜線部分全体は図2の斜線部分になり，これはもとの正方形の面積の半分であるから

$$\frac{1}{2}\times(4a)^2=8a^2$$

となるので，**3**が正答である。

図2

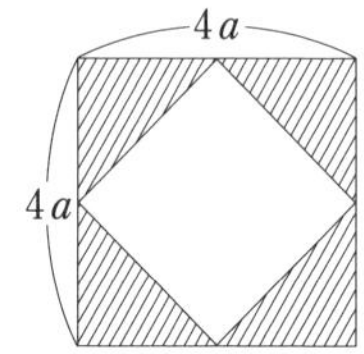

確認しよう ➡図形の移動の要領

正答 3

3 内角が30°，60°，90°の直角三角形の辺の比は $1:\sqrt{3}:2$ である。

Step❶　三角形の形に注意する

図のように円aの中心をP，円bの中心をQ，円aの半径をp，円bの半径をqとする。また，円a，bの線分ACとの接点をそれぞれD，E，円aと線分ABとの接点をF，円aとbの接点をRとすれば，

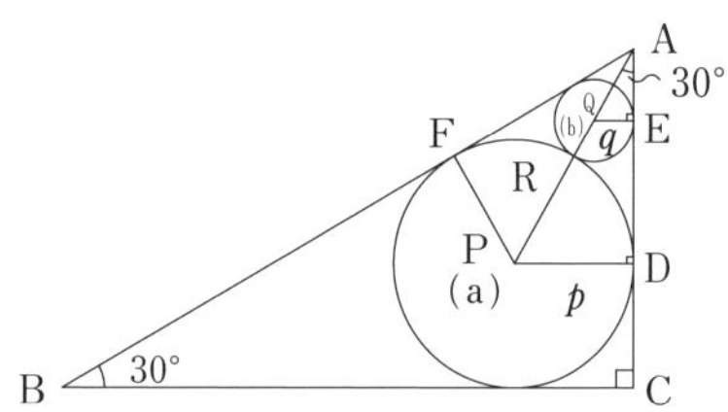

△APF≡△APDより，

∠PAF＝∠PADなので，

∠QAE＝∠PAD＝30°となる。

直角三角形の比から，

$AP=2p$ ……①　$AQ=2q$

$QR=q$

Step❷　相似図形の面積比と相似比を使う

$AP=AQ+QR+RP$

$=2q+q+p=p+3q$ ……②

よって①，②より，$2p=p+3q$

$p=3q$

円aと円bの相似比が $1:\frac{1}{3}$ であるから

面積の比は

$$1^2:\left(\frac{1}{3}\right)^2=1:\frac{1}{9}$$

面積比は，
「相似比の2乗」

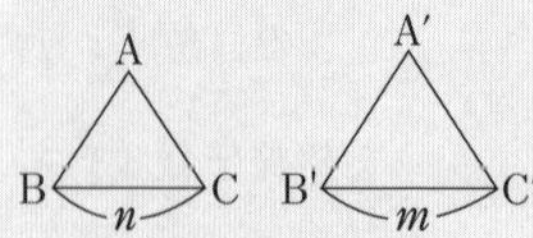

相似比 $n:m$
面積比 $n^2:m^2$

となり，**1**が正答である。

（注）円aの面積はπp^2，円bの面積は$\pi q^2 = \pi\left(\frac{p}{3}\right)^2 = \frac{\pi p^2}{9}$

確認しよう ➡特殊な直角三角形の辺の比

正答 1

4 回転の順を追って図をかく。

Step❶ 図を追って見ていく

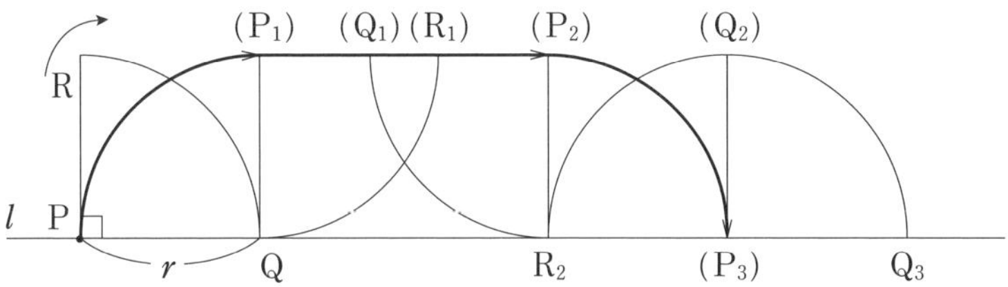

扇形を図のようにPQRとし，直線l上を転がるものとする。

（i）Qを中心として右に90°回転すると扇形P_1QR_1となり，Pの軌跡は$\overset{\frown}{PP_1}$である。

（ii）扇形P_1QR_1を，R_1がR_2の位置に来るまで転がすとき，P_1はP_2までlに平行に動き，長さは，$P_1P_2 = QR_2 = \overset{\frown}{QR_1}$

（iii）扇形$P_2Q_1R_2$がR_2を中心として右に90°回転すると扇形$P_3Q_2R_2$となり，P_2の軌跡は$\overset{\frown}{P_2P_3}$である。

（iv）扇形$P_3Q_2R_2$をP_3を中心として右に90°回転したときP_3は動かない。

Step❷ 各部分の長さを求める

（i）$\overset{\frown}{PP_1}$は半径rの四分円の弧であるから

$$\overset{\frown}{PP_1} = \frac{2\pi r}{4} = \frac{\pi r}{2}$$

（ii）$P_1P_2 = \overset{\frown}{QR_1} = \frac{2\pi r}{4} = \frac{\pi r}{2}$

（iii）$\overset{\frown}{P_2P_3} = \frac{2\pi r}{4} = \frac{\pi r}{2}$

よって，求める長さは$3 \times \frac{\pi r}{2} = \frac{3\pi r}{2}$となり，**2**が正答である。

確認しよう ➡扇形の弧がl上を転がるとき，扇形のもとの円の中心はlに平行に動く

正答 2

5 正方形から扇形の面積を引くと斜線部分の1つ分の面積が求まる。

Step❶ 斜線部分の1つ分を求める

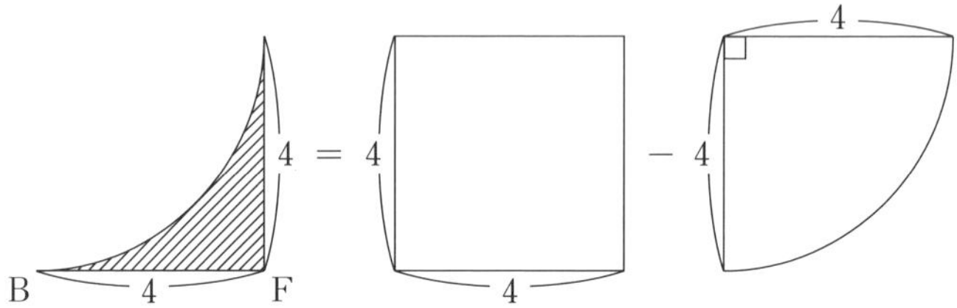

斜線部分の1つ分の面積は，1辺4cmの正方形から半径4cmの扇形の面積を引けばよいから，

$$4\times4-4\times4\times\pi\times\frac{90}{360}\ \text{〔cm}^2\text{〕}$$

となる。

Step❷ 斜線部分の面積の和を求める

斜線部分4つ分の面積は，

$$\left(4\times4-4\times4\times\pi\times\frac{90}{360}\right)\times4$$

$$=64-16\pi$$

$$=16(4-\pi)\ \text{〔cm}^2\text{〕}$$

となる。

よって，**4**が正答である。

確認しよう ➡斜線部分の面積の考え方　　**正答 4**

6 円弧図形の問題（円周の一部分が出てくる図形）は，扇形を作るように補助線を引く。

Step❶ 斜線部分の面積は，扇形2つ分の面積を加え，正三角形と半円の面積を引けばよい

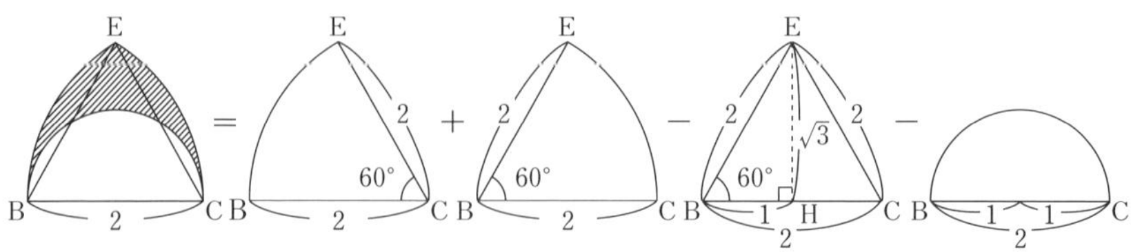

弧ACと弧BDの交点をEとする。

このとき，辺CEと辺BEはどちらも半径2の扇形の半径であるので，長さは2である。△EBCは3辺の長さが等しいので，正三角形である。

扇形の面積は，(半径)×(半径)×π×$\frac{\text{中心角}}{360}$で求められるので，中心角が60°の扇形1つ分の面積は，

$$2\times2\times\pi\times\frac{60}{360}\ 〔\mathrm{cm}^2〕$$

正三角形EBCの頂点Eから辺BCに垂線を下すと，$1:2:\sqrt{3}$の直角三角形EBHができる。

このとき，EH＝$\sqrt{3}$より，正三角形EBCの面積は，

$$2\times\sqrt{3}\times\frac{1}{2}\ 〔\mathrm{cm}^2〕$$

Step❷ 斜線部分の面積を求める

斜線部分の面積は，扇形2つ分の面積を加え，正三角形と半円の面積を引けばよいから，

$$2\times2\times\pi\times\frac{60}{360}\times2-2\times\sqrt{3}\times\frac{1}{2}-1\times1\times\pi\times\frac{1}{2}$$

$$=\frac{4}{3}\pi-\sqrt{3}-\frac{1}{2}\pi$$

$$=\frac{5}{6}\pi-\sqrt{3}\ 〔\mathrm{cm}^2〕$$

であるから，**1**が正答である。

確認しよう ➡斜線部分の面積の考え方

正答 1

7 外接円の半径は円周角の角度より求める。内接円の半径は，三角形の面積から求める。いずれも，まずは図をかき，視覚的にとらえる。

Step❶ 〈外接円〉円周角に注目し外接円の半径を求める

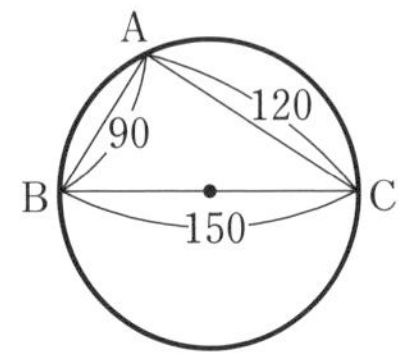

三角形と外接円は右のようになる。

ここで，

$$90^2+120^2=22500$$

$$150^2\qquad=22500$$

であるから，△ABCは∠Aを直角とする直角三角形である。∠Aは弧BCの円周角であるから，弧BCの中心角は，$90\times2=180°$となり，辺BCは中心を通る。すなわち，辺BCは円の直径であることがわかる。

よって，外接円の半径は，$150\times\dfrac{1}{2}=75$〔cm〕

Step❷ 〈内接円〉三角形の面積を2通りで表し内接円の半径を求める

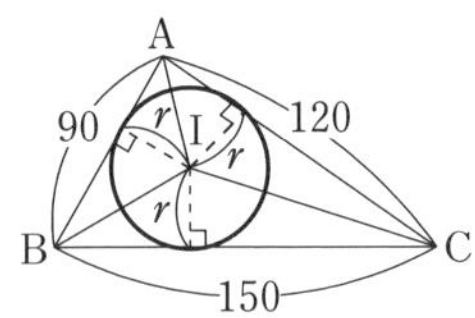

△ABCの面積を2通りで表す。

∠A＝90°だから，△ABCの面積は，

$$\frac{1}{2}\times90\times120=5400\quad\cdots\cdots①$$

また，△ABCの各頂点と内接円の中心Iを結び△ABCを3つに分ける。

内接円の半径をrとすると，rがそれぞれの三角形の高さになるから，△ABCの面積は，

$$\triangle ABC=\triangle IBC+\triangle IAB+\triangle IAC$$

$$=\frac{1}{2}\times150r+\frac{1}{2}\times90r+\frac{1}{2}\times120r$$

$$=180r\quad\cdots\cdots②$$

①＝②より，

$$180r=5400\qquad\therefore\quad r=30〔\mathrm{cm}〕$$

Step❸ 外接円と内接円の半径の差を求める

△ABCの外接円と内接円の半径の差は，

$$75-30=45〔\mathrm{cm}〕$$

であるから，**4**が正答である。

参考 直角三角形の辺の比が整数になる特殊な例として，3：4：5はよく出るので覚えておきたい。

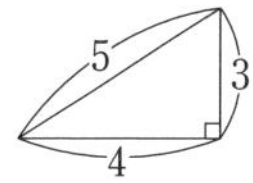

確認しよう ➡外接円および内接円の半径の求め方

正答 4

8 「中心と接点」，「中心と頂点」を結ぶと，1：1：$\sqrt{2}$ の直角二等辺三角形ができる。

Step❶ 補助線を引き，直角二等辺三角形を作る

「中心と接点」，「中心と頂点」，「中心と中心」を結ぶ。

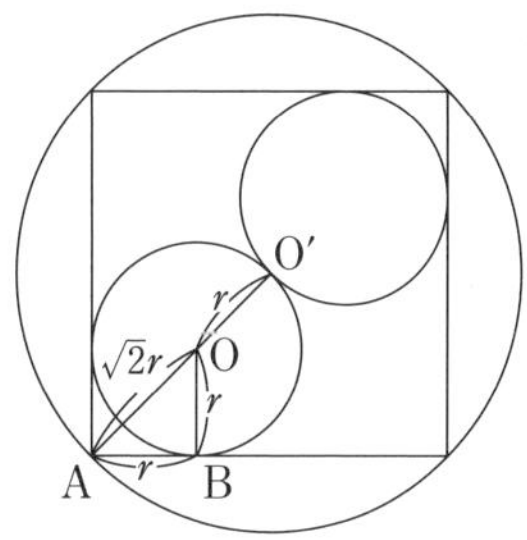

図のように点O，O′，A，Bをとり，小円の半径をrとおくと，OB＝AB＝r

△OABは直角二等辺三角形になるので，3辺の比が1：1：$\sqrt{2}$ であることから，

$$AO = \sqrt{2}r$$

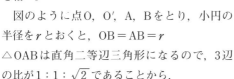

Step❷ O'Aを2通りの方法で表す

OO′＝rより，

$$O'A = AO + OO' = \sqrt{2}r + r$$

となる。

また，O′Aは大円の半径で長さが10であるから，

$$\sqrt{2}r + r = 10$$

$$(\sqrt{2}+1)r = 10$$

$$\therefore \quad r = \frac{10}{\sqrt{2}+1} = \frac{10}{\sqrt{2}+1} \times \frac{\sqrt{2}-1}{\sqrt{2}-1} = 10(\sqrt{2}-1)$$

よって，**2**が正答である。

確認しよう ➡補助線の引き方

正答 2

第4章 図形

テーマ21

立体図形・最短距離

重要度

重要問題

下の展開図の円すいの体積として，最も妥当なのはどれか。

【東京消防庁・平成30年度】

1 $9\pi\ \mathrm{cm}^3$
2 $10\pi\ \mathrm{cm}^3$
3 $11\pi\ \mathrm{cm}^3$
4 $12\pi\ \mathrm{cm}^3$
5 $13\pi\ \mathrm{cm}^3$

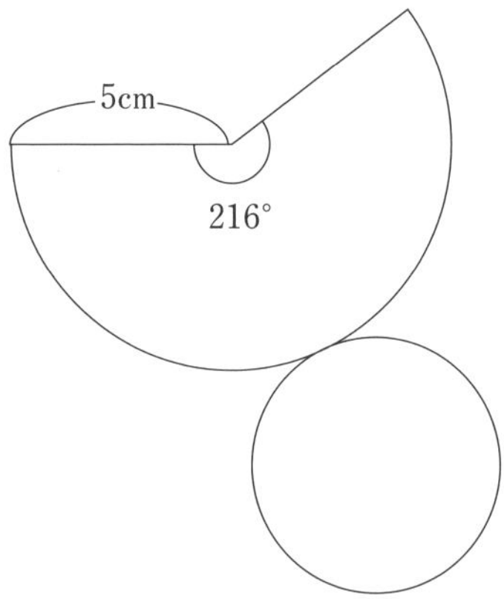

解説

扇形の弧の長さと底面の円周の長さが等しい。

Step❶ 底面の円の半径を求める

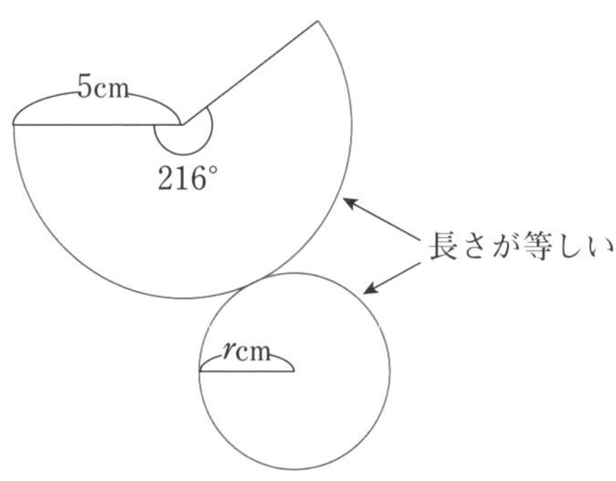

扇形の弧の長さと底面の円周の長さが等しいので，底面の円の半径をrとしたとき，

$$5\times2\times\pi\times\frac{216}{360}=r\times2\times\pi$$

$\therefore\quad r=3$〔cm〕

【底面の円の半径に関する別の求め方】

なお，底面の円の半径は以下の方法でも求められる。

$$\frac{半径}{母線}=\frac{中心角}{360^\circ}$$ より，

$$\frac{r}{5}=\frac{216^\circ}{360^\circ}\quad\therefore\quad r=3〔\mathrm{cm}〕$$

Step❷ 三平方の定理を用いて円すいの高さを求める

円すいの高さをhとすると，三平方の定理より，

$5^2=3^2+h^2$ であるから，

$h^2=16$

$\therefore\quad h=4$〔cm〕

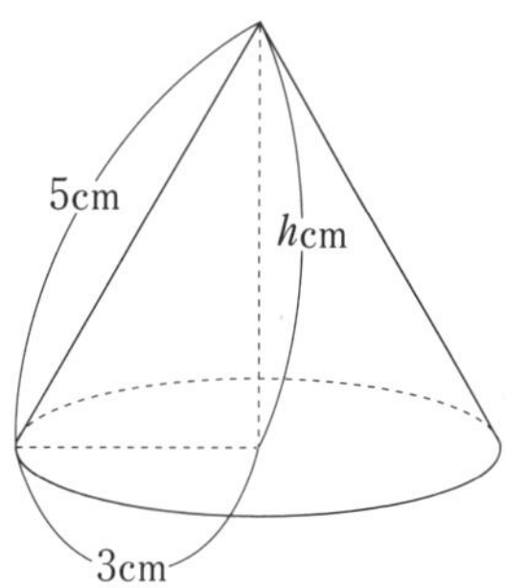

よって，円すいの体積は

「底面積×高さ×$\frac{1}{3}$」より，

$$3\times3\times\pi\times4\times\frac{1}{3}=12\pi〔\mathrm{cm}〕$$

したがって，**4**が正答である。

確認しよう ➡扇形の弧の長さと底面の円周の長さの関係，円すいの体積　**正答 4**

FOCUS

ここで学習することは「立体の体積を求める公式」と「立体から平面図形を取り出す練習」の2つである。

直方体，立方体を平面で切った切り口にできる三角形，最短距離を求める手段としての展開図など，平面図形に帰着させて解く問題が多いからである。

回転体や切断面など，図をかいてイメージすることが大切である。

要点のまとめ

重要ポイント1 直方体，立方体

体積を求める公式はしっかりマスターしておく。また，立体図形の中から，必要な平面図形を取り出す工夫は問題演習を通じて身につけておきたい。

■3辺が a，b，c の直方体の体積 V は

$$V=abc$$

■1辺が a の立方体の体積 V は

$$V=a^3$$

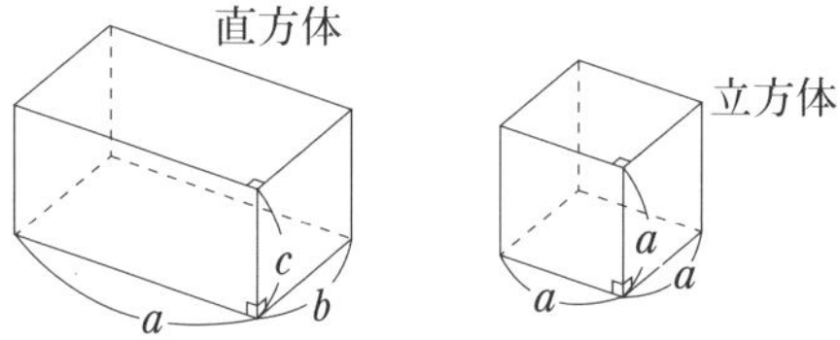

重要ポイント2 直円すい：母線の長さがすべて等しい円すい

■底面の半径 r，高さ h の直円すいの体積 V は

$$V=\frac{1}{3}\pi r^2 h$$

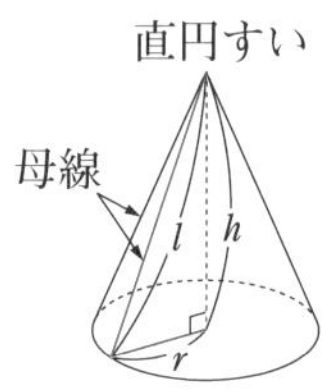

■母線の長さを l とすると

$$l^2=r^2+h^2$$

■側面の展開図は半径 l，弧の長さ $2\pi r$ の扇形

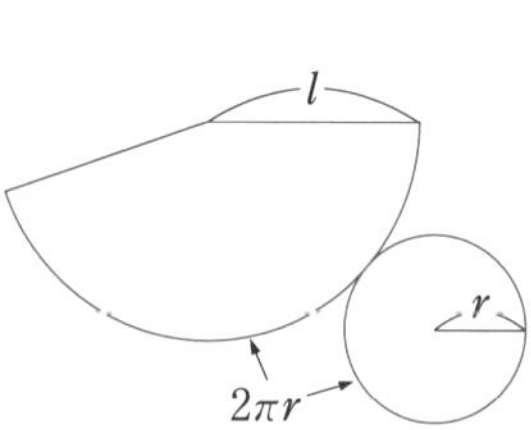

重要ポイント3 三角すい

■底面の面積 S, 高さ h の三角すいの体積 V は

$$V=\frac{1}{3}Sh$$

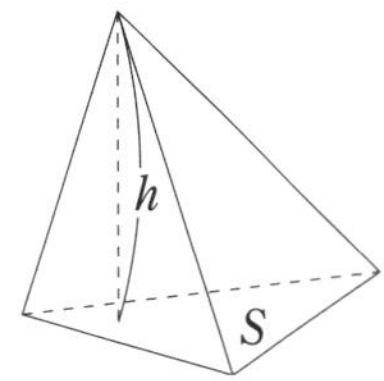

■6本のすべての辺が等しい三角すいを正四面体という。

1つの頂点から対面に引いた垂線の足は重心Gに一致する。

■1辺が a の正四面体の体積 V は

$$V=\frac{\sqrt{2}}{12}a^3$$

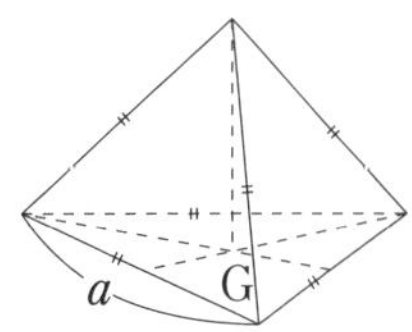

重要ポイント4 最短距離

■立体図形の表面を通る2点間の距離（経路）は展開図で考える。

・最短距離は，展開図において2点を結ぶ線分。

〔例〕　底面の半径3，母線の長さ12の直円すいがある。母線AB上の点BからABの中点Pに，側面上を通って行く経路の最短距離を求めよ。

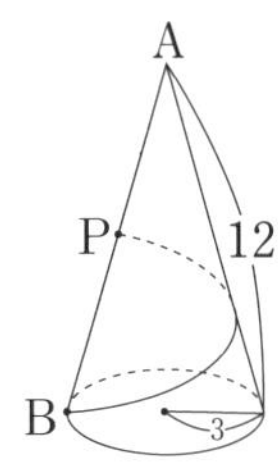

展開図の扇形において，中心角 θ は，BB′と底面の円周の長さが等しいことから，

$$12\times 2\times \pi \times \frac{\theta}{360}=3\times 2\times \pi \qquad \therefore \quad \theta=90°$$

よって，$BP^2=12^2+6^2=6^2(4+1)=6^2\times 5$

$BP=\sqrt{6^2\times 5}=6\sqrt{5}$

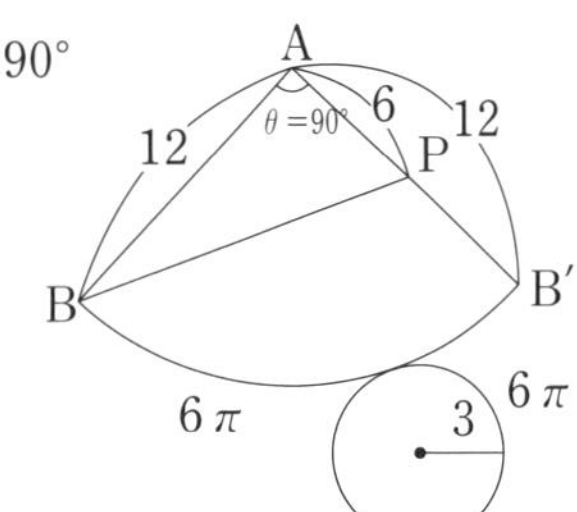

実戦問題

1 次の図のような1辺の長さ3cmの立方体の頂点A，C，F，Hを頂点とする正四面体の体積として，正しいのはどれか。

【警視庁・平成27年度】

1　9cm^3
2　10cm^3
3　12cm^3
4　14cm^3
5　15cm^3

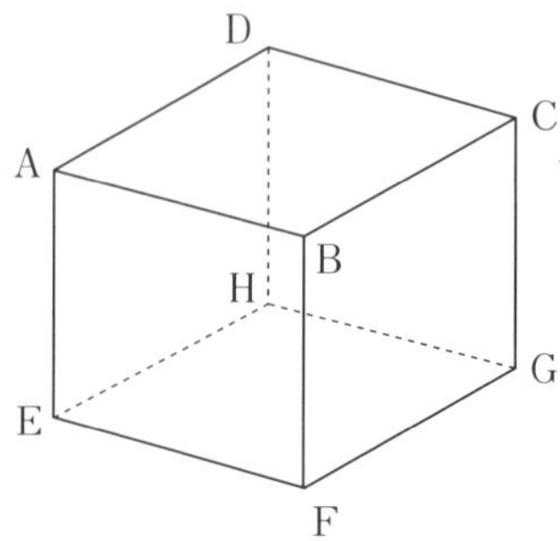

2 底面の直径が4cm，母線の長さが8cmの円すいがある。下の図のように底面の円周上の点Bから側面に沿って，母線ACを横切るように母線ABの中点である点Dまで線を引くとき，最も短い線の長さとして，最も妥当なのはどれか。

【東京消防庁・平成26年度】

1　$4\sqrt{2}\text{ cm}$
2　$4\sqrt{3}\text{ cm}$
3　$4\sqrt{5}\text{ cm}$
4　$4\sqrt{6}\text{ cm}$
5　$4\sqrt{7}\text{ cm}$

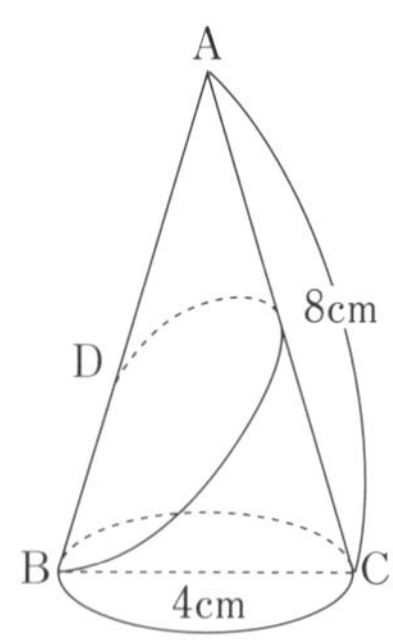

3 図のような，立方体の各面の中心を頂点とする正八面体がある。この八面体の相対する2つの頂点A，Bを含む直線を軸として，この八面体を回転させてできる立体の体積は，立方体の体積の何倍になるか。
ただし，円周率をπとする。

【国家Ⅲ種／中途採用者・平成22年度】

1 $\frac{1}{6}$倍　　**2** $\frac{1}{4}$倍

3 $\frac{\pi}{12}$倍　　**4** $\frac{\pi}{8}$倍

5 $\frac{\pi}{6}$倍

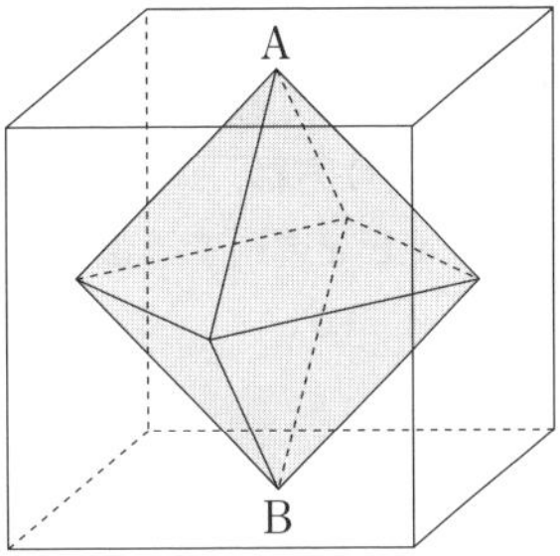

4 体積が1400cm³の三角すいA‐BCDがある。今，AE：EB＝3：2，AF：FC＝5：1，AG：GD＝4：3となる3点E，F，Gを通る平面でこの三角すいを切断した。このとき，2つの立体A‐EFGとEFG‐BCDのうち，大きいほうの立体の体積として正しいものは，次のうちどれか。

【警視庁・平成15年度】

1 900cm³
2 950cm³
3 1000cm³
4 1050cm³
5 1100cm³

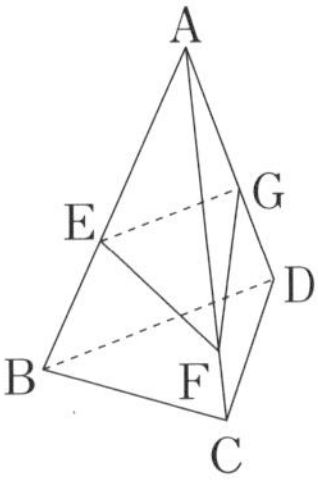

5 底面積が100cm²，高さが50cmの水槽に水が30cmの深さまで入っている。ここに底面積が40cm²，高さが16cmの円柱をまっすぐに水面から8cmの深さまで沈めた。このとき，水槽の底面と円柱の底面との距離として正しいものは，次のうちどれか。

【警察官・平成15年度】

1 22.8cm
2 24.0cm
3 25.2cm
4 26.4cm
5 27.6cm

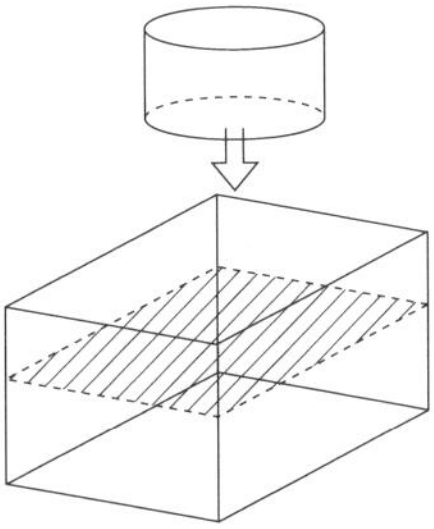

6 次の図のようなAB＝4cm，AD＝5cm，AE＝6cmの直方体がある。直方体の頂点Aから頂点Gに糸の長さが最短になるように糸を張った。糸の張り方は，①辺BCを通過する張り方，②辺BFを通過する張り方，③辺EFを通過する張り方があるが，糸の長さを短いものから順に並べたものはどれか。

【国家Ⅲ種・平成11年度】

1 ①＜②＜③
2 ①＜③＜②
3 ②＜①＜③
4 ②＜③＜①
5 ③＜②＜①

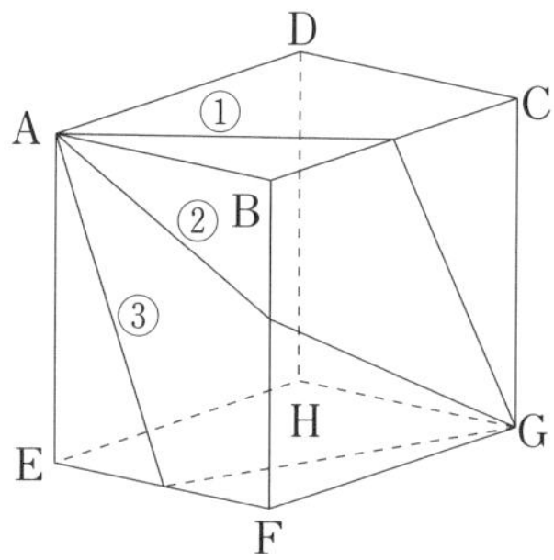

7 図のような斜線部分の台形を，Y軸を中心に1回転させてできる立体の体積はいくつか。

【東京消防庁・平成16年度】

1 25π
2 26π
3 27π
4 28π
5 29π

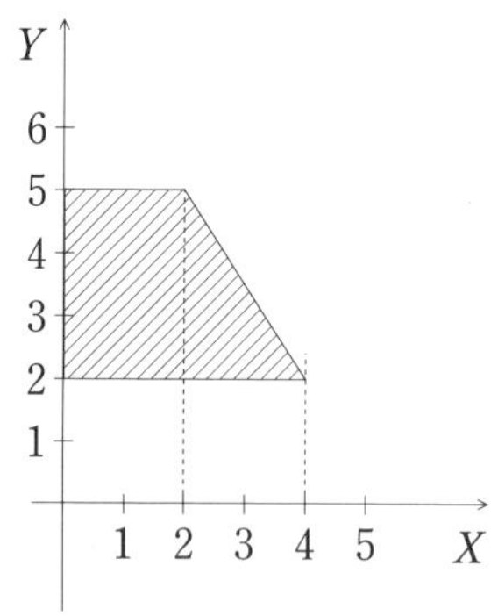

実戦問題●解説

1 1辺の長さが a の正四面体の体積 V は，$V=\dfrac{\sqrt{2}}{12}a^3$ である。

Step❶ 正四面体の1辺の長さを求める

△ABCは直角二等辺三角形であるので，3辺の比は $1:1:\sqrt{2}$ である。

AB＝3，BC＝3より，AC＝$3\sqrt{2}$

したがって，頂点A，C，F，Hを頂点とする正四面体の1辺の長さは，$3\sqrt{2}$ である。

Step❷ 正四面体の体積の公式を用いて体積を求める

1辺の長さが a の正四面体の体積 V は，

$$V=\frac{\sqrt{2}}{12}a^3$$

であるから，

求める正四面体の体積は，

$$\frac{\sqrt{2}}{12}(3\sqrt{2})^3=9〔\text{cm}^3〕$$

よって，**1**が正答である。

【別解】

求める正四面体の体積は，立方体から4つの四面体（四面体B-ACF，四面体E-AFH，四面体D-ACH，四面体G-CFH）を切り落としたものである。

立方体の体積は，(1辺)×(1辺)×(1辺) より，

$$3\times3\times3〔\text{cm}^3〕$$

四面体B-ACF，四面体E-AFH，四面体D-ACH，四面体G-CFHの体積は，

$$(\text{底面積})\times(\text{高さ})\times\frac{1}{3}\text{より，}$$

$$3\times3\times\frac{1}{2}\times3\times\frac{1}{3}〔\text{cm}^3〕$$

よって，求める正四面体の体積は，

$$3\times3\times3-\left(3\times3\times\frac{1}{2}\times3\times\frac{1}{3}\right)\times4=9〔\text{cm}^3〕$$

確認しよう ➡正四面体の体積の公式　　**正答 1**

2 展開図で考える。最短距離は直線になる。

Step❶ 展開図における扇形の中心角を求める

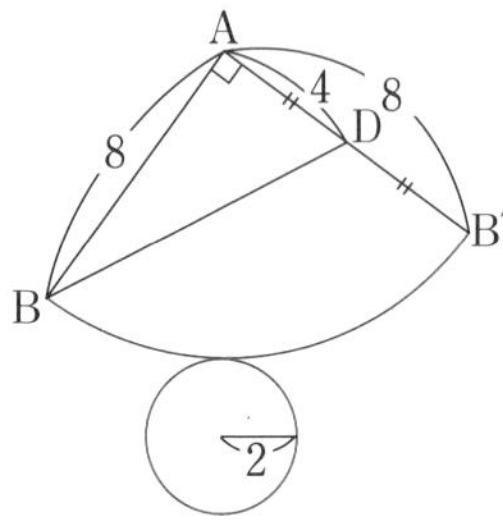

弧BB′と円すいの底面の円周の長さが等しいので，展開図の扇形の中心角をθとしたとき，

$$8\times2\times\pi\times\frac{\theta}{360}=2\times2\times\pi$$

$\therefore\quad\theta=90^\circ$

【中心角に関する別解】

なお，中心角θは以下の方法でも求められる。

$\dfrac{\text{半径}}{\text{母線}}=\dfrac{\text{中心角}}{360^\circ}$　より，

$\dfrac{2}{8}=\dfrac{\theta}{360^\circ}\quad\therefore\quad\theta=90^\circ$

Step❷ △**ABD**において三平方の定理を用いる

BからDまでの最短距離は，BとDを結ぶ直線になるときである。このとき，△ABDは$\theta=90^\circ$であるから直角三角形となる。

△ABDにおいて，三平方の定理より，

$BD^2=AB^2+AD^2$であるから，

$BD^2=8^2+4^2$

$BD^2=80$

$\therefore\quad BD=\sqrt{80}=4\sqrt{5}$〔cm〕

よって，**3**が正答である。

確認しよう ➡立体図形における最短距離の考え方　**正答 3**

3 八面体を回転させると円すいが上下に2つできる。この体積を求める。

Step❶ 回転してできる円すい2つの体積を求める

正八面体を頂点A，Bを含む直線を軸として回転させると，右のような円すいが上下に2つできる。

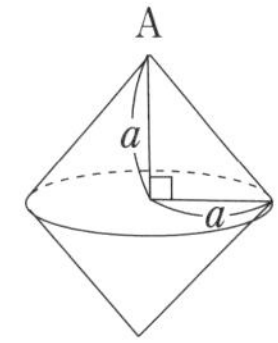

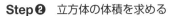

底面の円の半径をaとすると，円すいの高さもaとなるので，円すい2つの体積の和は，

$$\left(\pi a^2 \times a \times \frac{1}{3}\right) \times 2 = \frac{2}{3}\pi a^3 \quad \cdots\cdots ①$$

となる。

Step❷ 立方体の体積を求める

立方体の1辺の長さは$2a$であるから，体積は

$$(2a)^3 - 8a^3 \quad \cdots\cdots ②$$

となる。

Step❸ ①が②の何倍かを求める

①÷②より，

$$\frac{2}{3}\pi a^3 \div 8a^3 = \frac{\pi}{12}〔倍〕$$

となり，**3**が正答である。

確認しよう ➡円すいの体積の求め方

正答 3

4 三角すいA-BCDの辺AB上の点Eと，辺CDを通る面で切断したとき，三角すいA-ECDと三角すいB-ECDの体積の比は

(三角すいA-ECD)：(三角すいB-ECD)＝AE：EB

である。

Step❶　三角すいA-EFGの体積を求める

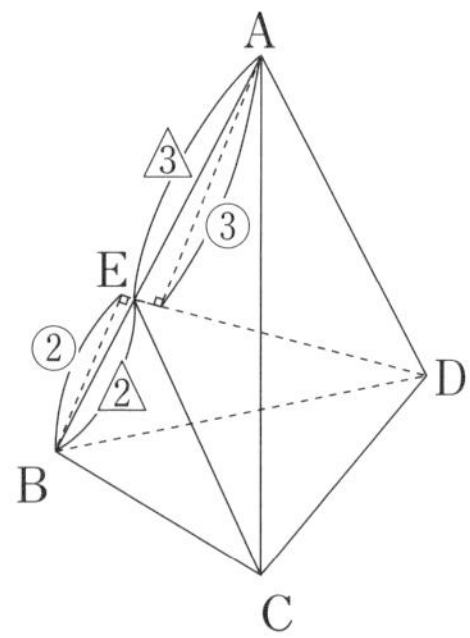

三角すいA-EFGの体積は

$$(\text{三角すいA-BCD})\times\frac{AE}{AB}\times\frac{AF}{AC}\times\frac{AG}{AD}$$

で求めることができる。

(三角すいA-BCD)＝1400〔cm^3〕

$\frac{AE}{AB}=\frac{3}{5}$，$\frac{AF}{AC}=\frac{5}{6}$，$\frac{AG}{AD}=\frac{4}{7}$

であるから

$$(\text{三角すいA-EFG})=1400\times\frac{3}{5}\times\frac{5}{6}\times\frac{4}{7}=400\ 〔cm^3〕$$

Step❷　大きいほうの立体の体積を求める

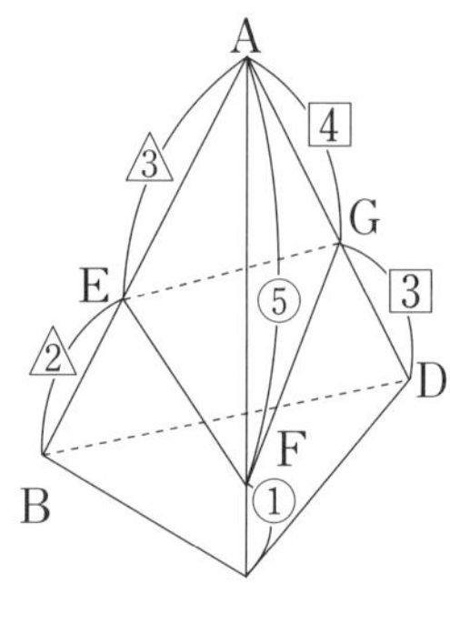

立体EFG-BCDの体積は

1400－400＝1000〔cm^3〕

であるから，こちらのほうが大きい。

よって，**3**が正答である。

確認しよう ➡分割したときの比

正答 3

5 円柱の底面から8cm上に水面がくるように円柱を沈めたとき水槽内でどれだけ水面が上昇するかを求める。

Step❶ 水中にある円柱の体積を求める

底面積が40cm^{2}の円柱を，水面から下が8cmになるように沈めたときに，水面下にある円柱の体積は

$40 \times 8 = 320$〔cm^3〕

である。

Step❷ 水面がどれだけ上昇したかを求める

水面下に沈んだ円柱の体積が320cm^3，水槽の底面積が100cm^{2}であるから，水面の上昇は

$$\frac{320}{100} = 3.2 \text{〔cm〕}$$

である。

Step❸ 水槽の底面と円柱の底面の距離を求める

円柱を沈めたときの水面は，水槽の底から

$30 + 3.2 = 33.2$〔cm〕

の高さにあり，このときの水面より8cm下に円柱の底面があるから，水槽の底面と円柱の底面の距離は

$33.2 - 8 = 25.2$〔cm〕

となる。

よって，**3**が正答である。

確認しよう ➡体積の計算

正答 3

6 経路をたどって展開図をかく。必ず頂点の記号を入れて図示する。

Step❶ 見取り図に各辺の長さを記入する

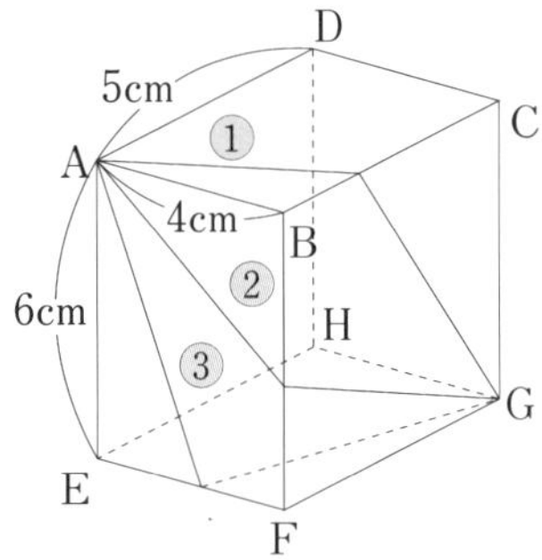

Step❷ 各経路をたどって展開図をかき，経路を確認する

それぞれの経路の長さを，三平方の定理を用いて計算すると

①$=\sqrt{10^2+5^2}=\sqrt{125}$

②$=\sqrt{9^2+6^2}=\sqrt{117}$

③$=\sqrt{11^2+4^2}=\sqrt{137}$

Step❸ 長さを比べて選択肢を検討する

$\sqrt{117}<\sqrt{125}<\sqrt{137}$

であるから　②<①<③

よって，**3**が正答である。

確認しよう ➡展開図に頂点の記号を入れて経路をたどる

正答 3

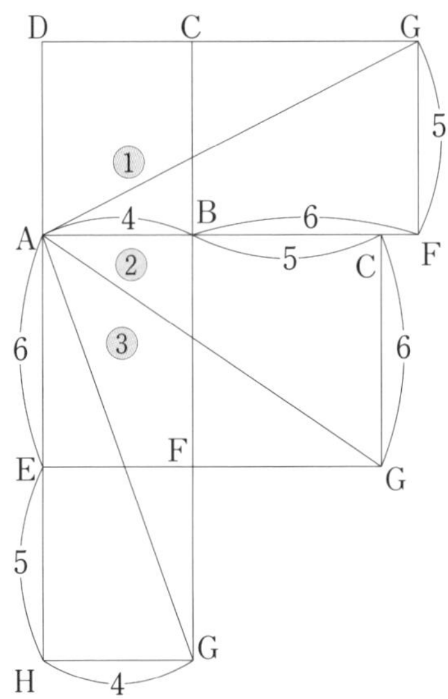

7 円すい台の体積を求めることになる。図の△ABCを回転してできる円すいの体積から△ADEを回転してできる円すいの体積を引けばよい。

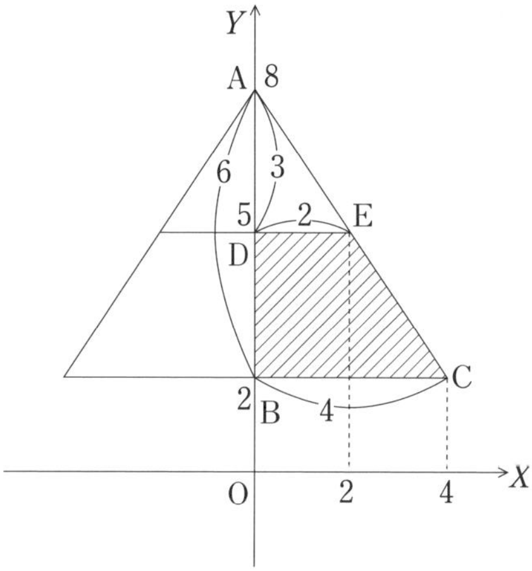

Step❶ △ABCを回転してできる円すいの体積を求める

底面の半径4，高さ6の円すいであるから，体積は

$$\frac{1}{3}\times 4^2\times\pi\times 6=32\pi$$

Step❷ △ADEを回転してできる円すいの体積を求める

底面の半径2，高さ3の円すいであるから，体積は

$$\frac{1}{3}\times(2^2\times\pi)\times 3=4\pi$$

Step❸ 円すい台の体積を計算する

上の2つの円すいの体積の差を求めればよい。

$$32\pi-4\pi=28\pi$$

となり，**4**が正答である。

確認しよう ➡円すいの体積　　**正答 4**

●本書の内容に関するお問合せについて

本書の内容に誤りと思われるところがありましたら，まずは小社ブックスサイト（jitsumu.hondana.jp）中の本書ページ内にある正誤表・訂正表をご確認ください。正誤表・訂正表がない場合や，正誤表・訂正表に該当箇所が掲載されていない場合は，書名，発行年月日，お客様のお名前・連絡先，該当箇所のページ番号と具体的な誤りの内容·理由等をご記入のうえ，郵便，FAX，メールにてお問合せください。

〒163-8671 東京都新宿区新宿 1-1-12 実務教育出版 第二編集部問合せ窓口
FAX：03-5369-2237 E-mail：jitsumu_2hen@jitsumu.co.jp

【ご注意】

※電話でのお問合せは，一切受け付けておりません。

※内容の正誤以外のお問合せ（詳しい解説·受験指導のご要望等）には対応できません。

公務員試験［高卒程度・社会人］
初級スーパー過去問ゼミ　数的推理

2021年 3 月25日　初版第 1 刷発行　〈検印省略〉
2023年10月10日　初版第 3 刷発行

編　者　資格試験研究会
発行者　小山隆之

発行所　株式会社 実務教育出版
〒163-8671　東京都新宿区新宿1-1-12
☎編集　03-3355-1812　販売　03-3355-1951
振替　00160-0-78270

印　刷　壮光舎印刷
製　本　東京美術紙工

ISBN 978-4-7889-7266-7 C0030　Printed in Japan